궁극의 탐험

THE WHITE DARKNESS by David Grann
Copyright ⓒ 2018 by David Grann
All rights reserved.

This Korean edition was published by Psyche's Forest Books in 2020 by arrangement with David Grann Inc. c/o THE ROBBINS OFFICE INC. c/o Aitken Alexander Associates Ltd. through KCC(Korea Copyright Center Inc.), Seoul.

이 책은 (주)한국저작권센터(KCC)를 통한 저작권자와의 독점계약으로
프시케의 숲에서 출간되었습니다.
저작권법에 의해 한국 내에서 보호를 받는 저작물이므로 무단전재와 복제를 금합니다.

궁극의 탐험

남극 횡단의 역사가 된 남자
WHITE DARKNESS

데이비드 그랜 지음 | 박설영 옮김

프시케의숲

조애나, 맥스, 얼리셔에게

"눈에 보이는 건 하얀 어둠뿐이다."

_헨리 워슬리

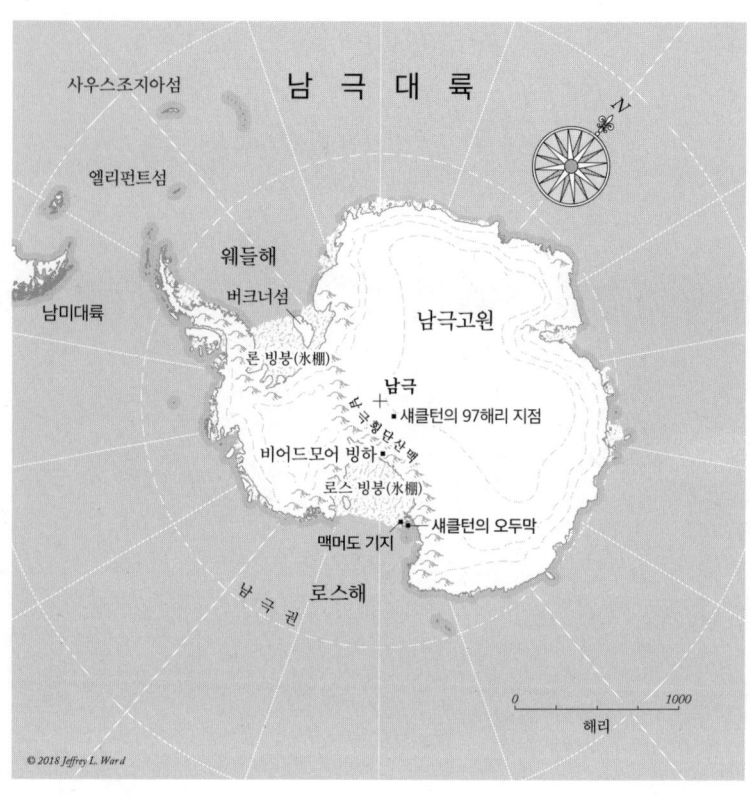

차례

1장 **치명적 위험** 011

2장 **작은 목소리들의 유혹** 023

3장 **지옥은 추운 곳이다** 033

4장 **강철 같은 근성** 055

5장 **공격 계획** 073

6장 **젖으면 죽는다** 093

7장 **무한한 공간** 139

감사의 말 189

옮긴이의 말 193

도판 출처 197

타이탄 돔 정상에 막 도착한 그는
내리막을 걷기 시작했다.
자칭 "역사와의 랑데부"가 코앞에 있었다.
하지만 추위로 에너지가 고갈되기 전까지
얼마나 더 나아갈 수 있을까?

1장 치명적 위험
MORTAL DANGER

남자는 자신이 꽁꽁 얼어붙은 무無 속의 작은 반점처럼 느껴졌다. 사방을 두리번거렸지만 보이는 건 지구 가장자리까지 펼쳐진 얼음뿐이었다. 흰 얼음과 푸르스름한 얼음, 빙설과 쐐기 얼음. 살아 있는 생명체는 보이지 않았다. 바다표범은커녕 새 한 마리 없었다. 오직 그 혼자였다.

 숨쉬기가 힘들었다. 숨을 뱉을 때마다 얼굴에 김이 서리며 얼어붙었다. 턱수염에 얼음 샹들리에가 달렸고, 눈썹이 보존처리한 표본처럼 얼음에 갇혔으며, 눈을 깜빡일 때마다 속눈썹이 갈라졌다. 젖으면 죽는다, 그는 누차 이렇게 되뇌었다. 영하 40도나 되었지만 바람 때문에 훨씬 춥게 느껴졌다. 때로 바람이 얼음 입자를 휘저어 느닷없이 자욱한 구름을 형성하는 바람에, 방향 감각을 완전히 잃고서 뼈마디를 덜거덕거리며 바닥에 넘어지기도 했다.

헨리 워슬리란 이름의 이 남자는 GPS 장치를 참고해 자신의 위치를 정확히 확인했다. 좌표에 따르면 그가 있는 곳은 해발 3,000미터보다 높이 솟은 남극 근처 결빙 지대 타이탄 돔이었다. 62일 전인 2015년 11월 13일부터 그는 자신의 영웅 어니스트 섀클턴이 한 세기 전 실패했던 남극 대륙 도보 횡단을 꼭 이루고 말겠다는 포부를 품고 남극 해안에서부터 걷기 시작했다. 남극을 가로지르는 이 여정은 1,600킬로미터가 넘는 거리로 세상에서 가장 험난한 횡단길이라 해도 과언이 아니었다. 게다가 대규모 탐험대를 이끌고 떠난 섀클턴과 달리, 55세의 워슬리는 단독으로 무지원 탐험을 하는 중이었다. 굶어죽는 걸 미연에 방지하기 위해 길목에 음식을 미리 숨겨두지도, 개나 돛의 힘을 빌리지도 않고, 모든 식량을 썰매에 싣고서 혼자 힘으로 끌고 가는 것이었다. 일찍이 어느 누구도 시도해본 적 없는 엄청

> "성공했다고 끝난 게 아니며,
> 실패했다고 죽는 것도 아니다.
> 중요한 것은
> 지속하는 용기다."

난 도전이었다.

워슬리는 허리에 벨트를 찬 뒤 썰매(처음 무게는 147킬로그램으로 몸무게의 약 두 배였다)와 연결시켰다. 그리고 크로스컨트리 스키를 신고 양손에 막대기를 쥔 채 얼음을 지치며 썰매를 끌고 나아갔다. 거의 해수면 높이에서 시작해 인정사정없이 쉬지 않고 위로 올라가자 공기가 희박해지며 기압 때문에 코피가 나는 일이 잦아졌다. 진홍빛 물안개가 그가 지나간 눈길을 물들였다. 너무 가파른 경사가 나오면 스키를 벗고 얼음에 미끄러지지 않게 아이젠을 장착한 뒤 부츠 발로 터벅터벅 걸었다. 그의 두 눈이 혹시나 있을지 모를 크레바스를 찾기 위해 바닥을 더듬었다. 한 발자국만 잘못 디뎌도 깊디깊은 은밀한 틈새로 영원히 사라질 수 있었다.

워슬리는 퇴역한 영국군 장교로, 전설적인 특공대 SAS(공수특전대) 출신이었다. 또한 그는 조각가이자, 거친 권투선수이자, 여행을 소상히 기록하는 사진작가이자, 원예사이자, 희귀서적 및 지도, 화석을 모으는 수집가이자, 섀클턴에 대해 누구보다 잘 아는 아마추어 역사가였다. 하지만 얼음 위에선 어떤 원시적 리듬에 박자를 맞추기라도 하는 듯 몸을 힘겹게 끌다 잠들다 끌다 잠들다를 반복하는 짐승의 모습과 비슷했다.

그는 망각의 상황에 조금씩 적응하며 다른 사람들이라면 쉽게 나가떨어졌을 절망을 극복했다. 삭막한 풍경 위에 몇 시간이고 머릿속으로 이미지를 그리며 아내 조애나와 스물하나 된 아들 맥스, 열아홉 된 딸 얼리셔에 대한 기억을 소환했다. 그의 스키에는 가족들이 적어준 응원의 문구들이 휘갈겨져 있었다. 그중엔 격언도 있었다. "성공했다고 끝난 게 아니며, 실패했다고 죽는 것도 아니다. 중요한 것은 지속하는 용기다." 다음과 같은 조애나의 메시지도 있었다. "안전하게 살아서 돌아와요, 여보."

많은 탐험가들이 그렇듯, 그 역시 외적인 탐구만큼이나 내적인 탐구에 임하는 것 같았다. 그러니까 이 탐험은 인격을 시험하는 일종의 궁극의 테스트였다. 그는 또한 부상병들을 위한 자선기금 '인데버 펀드Endeavour Fund'를 위해 모금 운동도 하고 있었다. 몇 주 전엔 이 탐험의 후원자인 케임브리지 공작 윌리엄 왕자가 방송을 통해 워슬리에게 메시지를 보냈다. "끝내주게 잘해주고 있습니다. 이곳에 남은 모든 이들이 당신이 이룬 모든 것을 매우 자랑스러워하며 당신의 소식을 주시하고 있습니다."

워슬리의 탐험은 세계인의 이목을 사로잡았다. 그중엔 탐험의 진척 상황을 지켜보는 수많은 어린 학생들도 있었다. 그는 몇 시간 동안 행군을 한 뒤 텐트 속에 몸을 파묻고서 매일 자신의 경험을 짧게 녹음해서 방송으로 내보냈다. (위성 전화기로 영국에 거주하는 친구에게 전화를 걸면 친구가 목소리를 녹음한 뒤 워슬리의 웹사이트에 업로드하는 식으로 현대식 마법이 이루어졌다.) 담담하면서도 강단 있는 그의 목소리는 듣

워슬리는 매일같이 "더욱 심해진 하얀 어둠"과 맞닥뜨렸다.

는 이들의 마음을 사로잡았다. 탐험을 시작한 지 2주 차 어느 저녁, 그가 남긴 목소리다.

오늘 아침엔 조금 늦잠을 잤습니다. 사실 그래서 감사했습니다. 지난 48시간 동안의 여정이 너무나 고됐거든요. 하지만 아침에 텐트 덮개를 들쳤을 때 저를 반긴 광경은 그렇게 감사하지 않았습니다. 사방이 화이트아웃에다가 눈이 동풍에 실려 날리고 있었지요. 하루 종일 그런 상태가 지속되더니 밤까지도 그칠 기미가 보이지 않더군요. 그런 상황에서는 길 찾기가 쉽지 않습니다. 처음 세 시간을 완전히 제멋대로 걸었습니다. 그러다 어느 순간 왜 갑자기 바람이 동풍에서 북풍으로 바뀌었는지 의아해했지요. 바보 같은 실수를 저지른 거였지 뭡니까! 바람이 방향을 바꾼 게 아니었습니다. 제가 방향을 바꾼 거더군요. 꾸불꾸불하게 걷느라 오늘 5킬로미터 정도는 허비한 것 같습니다. 그 바람에 고개를 푹 숙인 채 주구장창 나침반만 읽으며 걸었습니다. 아홉 시간 동안 눈앞에 보인 건 느릿느릿 나아가던 스키뿐이었지요. 어쨌거나 다시 경로에 복귀했으며, 일직선을 가로지를 수 있다는 것에 기쁩니다. 또다시 순백의 어둠을 헤치고 지나가야 하더라도 말이지요.

2016년 1월 중순까지, 그는 1,280킬로미터 이상을 걸었다. 사실상 몸 군데군데 성한 데가 없었다. 팔다리가 욱신거렸다. 등이 아팠다. 발에 물집이 잡혔고, 발톱이 변색되었다. 동상으로 손가락에 감각이 사라지기 시작했다. 그는 일기에 이렇게 적었다. "손가락이 걱정된다. 새끼손가락 끝은 이미 감각이 없고, 나머지도 엄청 화끈거린다." 앞니도 하나 빠져서 그 사이로 바람이 쌩하니 들어왔다. 몸무게는 18킬로그램이나 빠졌다. 그는 좋아하는 음식에 대한 생각을 떨치지 못하고 음식들을 일일이 방송에 나열했다. "피시 파이, 통밀 빵, 더블 크림, 스테이크와 감자칩, 그리고 감자칩 한 접시 더, 훈제 연어, 구운 감자, 계란, 라이스 푸딩, 데어리 밀크 초콜릿, 토마토, 바나나, 사과, 앤초비, 비스킷 모양의 시리얼, 위타빅스 시리얼, 흑설탕, 땅콩버터, 꿀, 토스트, 피자, 그리고 피자. 아아아아아!"

무너지기 직전이었다. 하지만 그는 절대 포기할 사람

이 아니었다. 그는 영국 특수부대의 비공식 모토를 엄수했다. "언제나 조금만 더." 제임스 일로이 플레커가 1913년에 쓴 시 〈사마르칸드로 떠나는 황금빛 여행Golden Journey to Samarkand〉에서 따온 구절로, 워슬리는 자신의 썰매 앞에 이 모토를 새기고서 혼자서 주문을 외듯 중얼거렸다. "언제나 조금만 더…… 조금만 더."

타이탄 돔 정상에 막 도착한 그는 내리막을 걷기 시작했다. 중력의 힘이 약 160킬로미터 떨어진 목적지를 향해 그를 추진했다. 자칭 "역사와의 랑데부"가 코앞에 있었다. 하지만 추위로 에너지가 고갈되기 전까지 얼마나 더 나아갈 수 있을까? 그는 죽음의 위기를 극복해낸 섀클턴의 전설적인 의사 결정 과정을 열성을 다해 연구한 바 있었다. 섀클턴은 탐험에 실패하고도 대원들 전원의 목숨을 구한 것으로 유명했다. 워슬리는 위험한 상황에 직면할 때마다(이때가 최악의 위기였다) 스스로에게 이렇게 질문을 던졌다. 섀클턴이라면 어떻게 했을까?

"사람이 텅 빈 공간으로 가는 이유는 다양하다.

어떤 이들은 단지 모험을 사랑해서,

어떤 이들은 과학적 지식에 대한 간절한 목마름 때문에 움직인다.

또 어떤 이들은 '작은 목소리들의 유혹',

즉 미지의 것이 지닌 신비스러운 매력에 현혹돼

잘 다져진 길에서 벗어난다."

2장 작은 목소리들의 유혹
THE LURE OF LITTLE VOICES

헨리 워슬리의 아버지는 섀클턴처럼 유능한 지휘관이었다. 헨리는 어릴 적부터 아버지인 리처드 워슬리의 일화를 들으면서 자랐다. 아버지는 북아프리카 사막과 이탈리아 거리에서 교전에 참여해 부대가 승리하도록 일조하며 제2차 세계대전에서 혁혁한 공을 세운 분이었다. 《인디펜던트》지는 "치열한 상황에서 사기"를 잃지 않은 그의 능력을 추켜세웠다. 아버지는 수년에 걸친 승진 끝에 영국군에서 가장 높은 지위까지 올랐고 1979년 마침내 병참감이 되었다.

 헨리에게 그의 아버지는 성경 속 존재처럼 보였다. 위

"끝없이 이어지는
　　　폭풍설, 돌풍,
　　　　　앞을 가리는 눈보라"

엄 있고 존경스럽고 무시무시하지만 곁에는 없는 사람이었다. 한 친척은 이렇게 회상했다. "헨리는 아버지를 본 적이 거의 없었어요. 본다 해도 악수를 나누는 정도였지 포옹도, 사랑의 표현 같은 것도 없었죠." 리처드 워슬리는 툭하면 해외로 파병되었고, 헨리는 일곱 살에 켄트에 있는 남자 기숙학교로 보내졌다.

가냘픈 체구에 한 치의 흔들림도 없는 푸른 눈빛을 소유한 헨리는 스포츠에서 마음의 위안을 찾았다. 특히 크리켓, 럭비, 스키, 하키에서 두각을 나타냈다. 신체적으로 우세하진 않았지만 경쟁에 임할 때면 무언가가 그를 물고 늘어지는 것처럼 달려들었다. 그는 공을 쫓아 제일 먼저 물속으로 다이빙했고 길을 벗어나 험난한 숲속으로 스키를 내몰았다.

열세 살이 되던 해 그는 버킹엄셔에 위치한 스토 스쿨에 입학해 크리켓, 럭비, 하키팀 주장을 맡았다. 주위에 아이들이 따랐지만 그는 900평에 달하는 숲과 목초지 등 학교 부지를 가로지르며 혼자 하릴없이 걷기를 좋아했다. 새둥지를 찾을 때면 지도에 위치를 표시했다. 그리고 며칠마다 한 번씩 그것들을 관찰하며 알은 몇 개나 낳았는지, 새끼들은 얼마나 빨리 부화하는지 등을 공책에 적었다.

그는 학교 수업에 큰 흥미를 느끼지 못했다. 하지만 도서관으로 사라져 시집과 모험 이야기를 읽기는 좋아했다. 하루는 섀클턴이 1907년에서 1909년 사이에 있었던 용감하지만 불운했던 남극 도전에 대해 직접 집필한 책 《남극의 심장The Heart of the Antarctic》을 찾았다(이 여정은 그가 지휘하던 배의 이름을 따서 니므롯 탐험이라 불린다). 워슬리는 첫 구절을 읽었다. "사람이 텅 빈 공간으로 가는 이유는 다양하다. 어떤 이들은 단지 모험을 사랑해서, 어떤 이들은 과학적 지식에 대한 간절한 목마름 때문에 움직인다. 또 어떤

"우리는 그가 창조하신 장엄한 자연 속에서 신을 보았다."
섀클턴은 남극 횡단 탐험에 대해서 이렇게 적었다.

"나는 이 사내들이
　견디고자 하는
　　　고난의 엄청난 난도에
　　완전히 사로잡혔다."

이들은 '작은 목소리들의 유혹', 즉 미지의 것이 지닌 신비스러운 매력에 현혹돼 잘 다져진 길에서 벗어난다."

　책에는 탐험 중에 찍은 사진들이 곁들여져 있었다. 워슬리는 신기한 눈으로 그 사진들을 바라보았다. 스토브, 깡통음식들, 축음기로 발 디딜 틈이 없는 오두막도 있었다. 섀클턴과 일원들이 남극 해안을 떠난 뒤 로스아일랜드에서 겨울을 날 때 지내던 곳이었다. 썰매를 끌게 하려고 데려왔다가 얼마 안 있어 죽음을 맞이한 만주산 조랑말들도 그곳에 있었다. 그리고 장엄한 죽음의 풍경을 가로지르며 걷고 있는 섀클턴이 보였다. 딱 벌어진 어깨에 잘생긴 얼굴의 그는 가문의 모토를 온몸으로 구현하는 듯 보였다. "인내로써 정복한다Fortitudine Vincimus."

워슬리는 섀클턴과 여타 극지방 탐험가들에 대해 닥치는 대로 읽었다. 그는 섀클턴의 충직한 탐험 대원이었던 프랭크 워슬리가 자신의 먼 친척뻘이며 스릴 만점의 회고록을 집필했다는 사실을 알고선 기뻤다. 그의 회고록에는 "끝없이 이어지는 폭풍설, 돌풍, 앞을 가리는 눈보라"에 용감히 맞섰던 일화들이 잘 설명돼 있었다.

1978년, 헨리 워슬리는 스토 스쿨을 졸업했다. 그리고 극지방 탐험가가 되고 싶은 욕망을 누르고 군에 입대했다. 그의 엄마 샐리는 이렇게 회상했다. "아들은 군에 가기를 원치 않았어요. 하지만 적성에 맞을지도 모르니 가보는 게 어떻겠냐고 우리가 설득했죠." 그는 서리에 있는 샌드허스트 육군사관학교에 입학해 장교 훈련을 받았다. 1980년 졸업식에서 그는 군 장교들 앞을 지나며 열병식을 거행했다. 그중에는 1976년에 기사 작위를 받은 그의 아버지도 있었다. 헨리는 손을 탁 꺾어서 이마에 대고 경례를 했다.

소위가 된 헨리는 소싯적 아버지가 근무했던 연대로 배치

되었다. 그리고 섀클턴의 이야기를 다시 찾기 시작했다. 하지만 섀클턴의 일화는 더 이상 단순히 낭만적인 이야기로만 다가오지 않았다. "나는 이 사내들이 견디고자 하는 고난의 엄청난 난도에 완전히 사로잡혔다." 워슬리는 2011년에 출간한 《섀클턴의 발자취를 밟으며 In Shackleton's Footsteps》에서 이렇게 서술했다. "섀클턴은 나에게 영웅 그 이상이 되었다"고 그는 말했다. "나는 그를 멘토로 우러러 보았다. 지휘관의 세계에 막 발을 들이던 열아홉 살 신참에게 그보다 훌륭한 본보기는 없을 것이라고 믿었다."

그는 "왜 사람들이 언제나 지옥을
불이 활활 타오르는 곳으로 묘사하는지" 의아했다.
그게 아니라 지옥은
"언젠간 무덤이 되고 말 얼음처럼 차가운" 왕국이었다.

3장 지옥은 추운 곳이다
HELL IS A COLD PLACE

어니스트 섀클턴은 여러 면에서 실패자였다. 그의 첫 극지방 탐험은 1901년 로버트 팰컨 스콧이 이끄는 탐험대에 합류했을 때였다. 스콧은 남극에 발을 딛는 첫 번째 인물이 되고자 했다. 스콧의 말을 인용하자면 남극은 "지금껏 인간이 발을 디딘 적도, 눈으로 목격한 적도 없는" 곳이었다. 스콧은 집요하고 용맹한 영국 해군 장교로 과학적 탐구 정신이 뛰어났다. 하지만 동시에 해군에서 익힌 대로 권위를 내세워 부하들 위에 군림하는 독단적이고 쌀쌀맞고 폭력적인 사람이었다. 언젠가는 명령에 불복종하는 요리사에게

"기나긴 길,
　외로운 길,
　　　밖으로 향하는 길,
　　　어둠을 향하는 길"

쇠고랑을 채우라고 명하면서 처벌을 가해 "질질 짜며 자신을 낮추는 자세"를 가르쳐야 한다고 말한 적도 있다. 10년 동안 상선의 선원으로 일했던 섀클턴은 그런 고압적인 방식에 반감을 품었다.

1902년 2월, 탐험대는 꽁꽁 언 남극 가장자리에 베이스캠프를 쳤다. 남극 대륙은 계절이 둘이다. 11월부터 2월까진 여름이고, 나머지는 겨울이다. 지구의 축이 기울어진 탓에 여름에는 대개 해가 밤새도록 빛을 늘어뜨린다. 하지만 겨울이 되면 어둠이 세상을 집어삼켜 인간이 살아가기에 훨씬 열악해진다. 7월 1일에 온도가 영하 128도를 기록한 적도 있다. 어쩔 수 없이 스콧은 여름 해가 하늘을 우아하게 밝히기 시작하는 11월 2일이 되기까지 기다렸다. 그 사이 그는 섀클턴과 세 번째 대원 에드워드 윌슨과 함께 남극까지 1,280킬로미터의 여정을 떠날 채비를 했다. 한 탐험대원은 이 여정을 "기나긴 길, 외로운 길, 밖으로 향하는 길, 어둠을 향하는 길"이라 표현했다.

걷는 동안 세 사람은 눈부신 극지에 눈이 멀고 허기와 동상과 괴혈병에 육신이 잠식당했다. 스콧은 허구한 날 대원들을 무섭게 몰아세웠다. 한 번은 그가 "서둘러, 이 빌어먹을 멍청이들아!"하고 소리치자 섀클턴이 "우리 중에 제일 멍청이는 당신입니다" 하고 받아쳤다는 일화도 있다.

하지만 1902년 12월 31일, 스콧은 목적지까지 770킬로미터 넘게 남은 지점에서 후퇴를 명했다. 돌아오려고 사투를 벌이는 길에 섀클턴은 피를 토했고 배에 도착했을 때쯤엔 그의 말마따나 "완전히 망가져 있었다."

4년 뒤, 섀클턴은 처음으로 지휘봉을 잡고 니므롯 탐험대에 승선했다. 이때 그와 나머지 세 대원은 그 누구보다 남극 가까이에 근접했다. 97해리(약 180킬로미터)만 더 가면

스콧 일행은 1912년 1월 18일 남극에 도착했다.
그곳에서 아문센의 텐트와 노르웨이 깃발을 발견했다.

남극이었다(해리는 극지방을 항해할 때 사용하는 단위로 보통 마일보다 15퍼센트가 더 길다). 하지만 섀클턴은 대원들의 건강을 염려한 나머지 다시 후퇴했다. 그는 영국으로 돌아와 아내 에밀리에게 자신의 실패에 대해 아무 말도 꺼내지 않았다. 그저 이렇게 말했을 뿐이다. "살아 있는 당나귀가 죽은 사자보다 낫겠죠?"

"당연하죠, 여보. 저는 그렇게 생각해요." 그녀가 답했다.

그러는 사이 여러 사람들이 역사를 만들었다. 1909년, 미국인 탐험가 로버트 E. 피어리가 남극에 최초로 도착했다고 주장하고 나섰다(그가 실제로 극지방을 밟았는지는 추후 논란거리가 되었다). 2년 뒤, 노르웨이 탐험가 로알 아문센이 남극을 밟았다. 개를 이용해 썰매를 끌고 중간중간 스키를 탄 덕분에 아문센은 스콧 일행보다 33일이나 앞섰다. 스콧은 극점에 도착해서 노르웨이 깃발이 펄럭이는 것을 보고 일기에 이렇게 남겼다. "위대하신 신이여! 여긴 끔찍한 곳이다."

돌아오는 길에 그와 네 명의 대원(에드워드 윌슨도 있었다)은 식량이 바닥났다. "우리는 신사처럼 죽으리라." 스콧이

"첫 번째, 낙관주의.
두 번째, 인내심.
세 번째, 육체적 지구력,
네 번째, 이상주의,
다섯 번째이자 마지막, 용기"

일기에 이렇게 휘갈긴 후 얼마 안 있어 대원 전원이 최후를 맞이했다.

극점이 연이어 정복되자, 마흔이 가까워진 섀클턴은 스스로 유일하게 남은 도전이라 여긴 승부처로 관심사를 옮겼다. 바로 남극 횡단이었다. 그는 제안서에 "감상적으로 보면 이는 인간이 성취할 수 있는 최후의 위대한 극지방 탐험이다"라면서 이 탐험이 "가장 인상적인 여정"이 될 것이라 강조했다.

극지방 탐험은 그 특유의 결핍과 폐소공포증으로 인해

인간 간의 역학 관계를 시험하는 일종의 실험실 같은 역할을 한다. 역사는 다투고, 모함하고, 비방하고, 어떤 경우엔 반란을 일으키고 살인을 저지르기까지 하는 무리들에 대한 설명으로 점철되어 있다. 스콧의 탐험대에 있으면서 대원들 간의 긴장 관계가 조직을 좀먹는 현장을 목격했던 섀클턴은 스스로 극지방 탐험의 필수 조건이라 여긴 자질을 갖춘 대원들을 찾았다. 그 조건이란 "첫 번째, 낙관주의. 두 번째, 인내심. 세 번째, 육체적 지구력, 네 번째, 이상주의, 다섯 번째이자 마지막, 용기"였다. 섀클턴이 이 기준에 완벽하게 부합하다고 믿었던 유일한 사람이 프랭크 워슬리였다. 그는 넓은 가슴과 각진 턱을 가진 마흔둘의 뉴질랜드 출신 뱃사람으로 탐험을 위해 선발한 스물여덟 명의 대원 중 한 사람이었다. 섀클턴은 그를 배의 선장으로 임명했다. 이에 대해 프랭크는 이렇게 밝혔다. "나는 내 운명에 혼신의 힘을 바쳤다."

1914년 10월 26일, 대원들과 구명정 세 척을 실은 배가 아르헨티나에서 출발했다. 이 배는 길이 43미터의 나무로 된 범선으로, 섀클턴 가문의 모토를 따서 '인듀어런스호'로

명명되었다. 열흘 뒤, 탐험대는 칠레의 케이프 혼에서 동쪽으로 약 1,770킬로미터 떨어진 빙산섬 사우스조지아에 멈췄다. 섀클턴이 "남극으로 가는 관문"이라고 부르는 장소였다. 몇몇 고래잡이 기지를 제외하면 버려진 거나 다름없는 이 섬에서 대부분의 탐험가들이 문명과 마지막으로 접촉했다.

12월 5일, 탐험대는 대서양의 최남단 만입부 웨들해로 배를 몰아 남극으로 향했다. 알프레드 랜싱이《인듀어런스호》(1959)에서 이 역사적 탐험에 대해 자세히 설명했듯이, 섀클턴은 얼음 덩어리와 빙산이 빽빽이 들어찬 이 바다를 지나 해안에 베이스캠프를 세울 계획이었다. 그런 다음 겨울이 끝나기를 기다렸다가 여섯 대원과 함께 남극 대륙을 걸어서 뉴질랜드 남쪽 태평양으로 이어지는 로스해에서 여정을 마치려고 했다.

하지만 1915년 1월 18일, 베이스캠프까지 160킬로미터도 남지 않은 상황에서 바다가 얼며 인듀어런스호가 얼음에 갇혀버렸다. 한 대원이 "초콜릿바 한가운데 박힌 아몬드 같다"고 표현한 모습 그대로였다. 부빙浮氷이 인듀어런스

섀클턴 배의 나무 선체가 얼음에 갇혀 삐거덕거렸다.

호를 가둔 채 바다로 떠내려갔다. 2월 말이 되고 겨울이 시작되자 섀클턴은 얼음이 녹는 11월까진 얼음에 박힌 배에서 벗어날 수 없음을 깨달았다.

어둠 속을 떠내려가면서 섀클턴은 대원들을 단합시키려고 노력했다. 그의 방식은 영국 해군의 관습에 익숙한 사람들의 눈에는 독특함을 넘어 급진적이었다. 그는 계급과 직급 같은 딱딱한 위계질서를 무시하고 모두에게 같은 양의 식량을 배급하고 동등하게 일거리를 할당했다. 때로 불같이 화를 내며 누가 통솔자인지를 여지없이 보여줄 때도 있었지만(모두가 그를 보스라고 불렀다), 섀클턴은 하찮은 일도 마다 않고 대원들과도 스스럼없이 어울렸다. 탐험에 참여한 전직 해군 장교는 섀클턴이 "지나치다 싶을 정도로 친근하게 구는 데다가 그를 격의 없이 대하는 대원들을 나무라지도 않는다"며 자신이 받은 충격을 일기에 적은 바도 있다. 그는 보스를 "스콧 선장과 정반대"라고 평했다.

섀클턴은 무료함과 두려움을 달래기 위해 불안한 선내 분위기를 경쾌하게 바꾸려고 애썼다. 대원들은 정기적으로 포커를 쳤으며 일요일엔 축음기를 틀어 선실 너머까지 음

> "부디 신께 기도드리건대,
> 모든 대원들을
> 안전하게 데려갈 수 있도록
> 도와주십시오."

악이 울려 퍼지도록 했다. 한 달에 한 번 식당(그들은 식당을 릿츠라고 불렀다)의 랜턴 곁에 모여 탐험 기록 담당 사진사 프랭크 헐리가 자신이 방문했던 세계 곳곳의 이미지가 담긴 슬라이드를 영사하면 함께 보기도 했다. 가장 인기 있는 건 "자바섬 엿보기"로, 야자나무와 열대섬의 처녀들이 담긴 사진들을 보는 시간이었다. 프랭크 워슬리는 섀클턴이 "한 개인 또는 소수의 사람들이 전체 조직원들의 심리에 얼마나 큰 영향을 미치는지 이해하고 있었다"고 평했다. "그는 쾌활함과 낙천주의를 강하게 고집했다."

하지만 그런 섀클턴도 얼음 앞에선 무력했다. 10월 27일,

선체의 나무판자가 압력을 이기지 못하고 쪼개지기 시작했다. 벌어진 틈새로 물이 쏟아져 들어와 선실에 물이 넘쳤다. 대원들이 밑바닥에 고인 더러운 물을 퍼내려고 애썼지만 배의 선미가 기도하는 손처럼 하늘로 번쩍 들리기 시작했다. 섀클턴은 외쳤다. "배가 가라앉는다, 대원들!"

모든 대원이 인듀어런스호를 버리고 주변 얼음 위로 구명정 세 척과 식량을 내렸다. 그렇게 구조를 요청할 아무런 수단도 없이 그들은 사우스조지아섬에서 남서쪽으로 1,600킬로미터나 떨어진 부빙 위에 고립되었다. 섀클턴은 일기에 당시를 이렇게 기록했다. "부디 신께 기도드리건대, 모든 대원들을 안전하게 문명 세계로 데려갈 수 있도록 도와주십시오."

수로가 얼음 덩어리로 꽉 막혀서 구명정을 띄울 수 없자 대원들은 썰매는 물론, 얼음이 녹으면 사용할 구명정까지 끌면서 걷기 시작했다. 구명정 한 척(가장 큰 배가 세로 6.9미터, 가로 1.8미터였다)의 무게는 최소 1톤씩 나갔다. 섀클턴은 대원들에게 불필요한 물건을 버리라고 말했다. 섀클턴이 가장 아끼던 소지품 중에는 에드워드 7세의 아내인 알렉산드라 여왕에게서 받은 성경책도 있었다. "그대가 임무를 완수하고 모든 역경을 헤쳐 나갈 수 있도록 신의 가호가 함께하기를"이라는 여왕의 글귀가 새겨진 것이었다. 섀클턴은 금화 몇 개와 함께 성경책을 얼음 위에 놓았다.

나머지 대원들도 소지품을 가려내기 시작했다. 그럼에도 보트는 끌 수 없을 정도로 무거웠고 그러자 이틀 뒤 섀클턴은 행군을 유보했다. 몇 달 동안 그들은 얼음섬 위에 텐트를 치고 그 속에서 꼼짝도 않았다. 그들은 그곳을 '인내 캠프'라 불렀다. 프랭크 워슬리는 "왜 사람들이 언제나 지옥을 불이 활활 타오르는 곳으로 묘사하는지" 의아했다. 그게 아니라 지옥은 "언젠간 무덤이 되고 말 얼음처럼 차가운" 왕국이었다.

대원들의 불만을 막기 위해 섀클턴은 가장 골치 아픈 인물 셋을 자신의 텐트에 두었다. 그럼에도 12월이 끝나가던 어느 날, 다른 텐트에 있던 목수가 인듀어런스호도 사라진 마당에 더 이상 지휘관의 말에 복종할 필요가 없다며 반기를 들었다. 섀클턴은 알아서 살 길을 모색하라며 목수를 혼자 둔 채 자신에게 충성하는 대원들만 데리고 길을 떠났다.

그제야 반란은 막을 내렸다.

  1916년 4월, 부빙이 갈라지기 시작했다. 섀클턴은 오래도록 기다려온 명령을 하달했다. "배를 띄워라." 약 1주일 뒤 일행은 남극 본토에서는 240킬로미터, 사우스조지아섬에서는 남서쪽으로 1,290킬로미터 떨어진 바위투성이의 불모지 앨리펀트섬에 도착했다. 섀클턴은 구명정을 타고 그대로 이동하다가는 목숨을 부지할 대원이 몇 안 되리라는 것(한 명은 발가락 다섯 개에 동상이 걸려 절단해야 할 처지였다)을 깨달았다. 결국 그는 대원들을 앨리펀트섬에 남겨둔 채 자신을 포함한 다섯 명만 구명정 하나로 항해를 계속하겠다고 선언했다.

  얼음으로 번쩍이는 집채만 한 파도와 허리케인을 뚫고서 그들은 망망대해를 항해했다. 섀클턴은 물에 흠뻑 젖고 추위에 언 대원들의 의식을 붙들기 위해 줄어드는 비상식량을 조금씩 나눠주었다. 5월 10일, 사우스조지아섬을 떠난 지 약 1년 반 만에 그들은 해안에 비틀비틀 발을 디뎠다. 죄다 지구 종말의 생존자 같은 몰골이었다. 뒤이어 섀클턴과 대원들은 북쪽으로 42킬로미터를 걷고, 해도에도 없는 빙하를 등반했다. 구조를 요청할 수 있는, 섬 반대편 연안의 고래잡이 기지에 도착하기 위해서였다. 그 과정에서 섀클턴은 신성한 존재, 즉 "제4의 대원"이 자신들을 인도하고 있음을 느꼈다.

고래잡이 기지에 휘청거리며 들어선 지 36시간 만에 섀클턴은 앨리펀트섬에 발이 묶여 있는 스물두 명을 구조하는 데로 관심을 돌렸다. 하지만 해빙을 깨고 나아갈 수 있을 만큼 커다란 증기선을 칠레 정부로부터 확보한 건 8월 20일이 되어서였다. 워슬리와 함께 돌아간 섀클턴은 섬이 가까워지자 대원이 한 명이라도 살아있는지 확인하기 위해 망원경으로 살폈다. "겨우 둘밖에 없군," 그가 중얼거렸다. "아니, 네 명이야." 잠시 후 그가 말했다. "여섯이, 아니 여덟이 보여." 그런 다음 그가 외쳤다, "전부 다 있어! 전부 살아 있다고!" 워슬리는 훗날 "최악의 불리한 상황에서 고난을 이겨낼 수 있도록 해준" 섀클턴의 "천재적인 리더십"에 경탄했다. 후에 남긴 섀클턴의 기록에 따르면, 그와 대원들은 "껍데기의 겉치장을 뚫고"서 "영혼의 맨살에 닿았다."

섀클턴이 구조선을 끌고 귀환하자 섬에 발이 묶인 대원들이 환호하고 있다.

하지만 섀클턴은 남극을 횡단하는 첫 번째 인물이 되겠다는 임무를 완수하지 못하고 1922년, 47세의 나이에 심장마비로 사망했다. 그의 이름은 곧 사람들의 기억 속에서 희미해졌다. 하지만 그의 라이벌, 스콧의 암울한 죽음의 행군은 대중의 뇌리를 떠나지 않았다. 역사가 맥스 존스가 2003년에 《마지막 위대한 탐험The Last Great Quest》에서 말한 것처럼, 영웅은 그들을 숭배하는 당시 사회상을 반영한다. 대영제국이 몰락의 길을 걷고 세계가 제1차 세계대전의 살육 현장에서 사투를 벌이고 있을 때 스콧은 조국을 위해 자신을 희생한 순례자로 여겨졌다. 하지만 20세기 말, 극지방 탐험을 전략이라는 관점에서 평가하는 시대가 되면서 스콧은 고압적이고 변덕스럽고 융통성이라곤 찾아볼 수 없는 인물로 비판받았다. 1999년에 출간된 한 에세이에서 여행 작가 폴 서룩스는 이렇게 수정주의적 견해를 밝힌 바 있다. "스콧은 불안정하고, 어둡고, 겁 많고, 재미없고, 속을 알 수 없고, 준비성 없고, 솜씨도 형편없는 인물이다."

회사, 전장, 관료 조직, 무엇보다 자신에 대한 인간의 지배력에 집착하는 시대가 되면서 섀클턴은 대원을 훌륭하게 모집 관리하고 침착하게 그들을 안전한 곳으로 데려왔다는 점에서 존경받기 시작했다. 그의 지휘 능력은 기업가, 임원들, 우주 비행사, 과학자, 정치 전략가, 군대 지휘관들의 연구 대상이 되었다. 자기계발서의 한 하위 장르 전체가 온통 그의 방법을 분석하는 책들로 넘쳐났다. 하나같이 《역경에서 지휘하다: 섀클턴의 놀라운 남극 탐험에서 배우는 리더십 수업》과 같은 제목들이었다. 일례로 《섀클턴: 남극에서 배우는 리더십 수업》과 같은 책을 보면, "텐트 동지로 삼기: 적일수록 가까이하라" "영하 20도에서 꽃피는 동지애: 최적의 근무 환경 만들기" "망망대해 항해하기: 적응하고 혁신하라" 같은 챕터로 구성돼 있다.

하지만 이런 책들은 한 사람의 일생을 길잡이식 안내서로 축소시키면서 섀클턴의 약점, 즉 순진하리만큼 의욕만 넘쳤던 시도 및 전술적 실패들을 그럴듯한 말로 얼버무리기 일쑤였다. 모든 책들이 똑같은 복음을 전파했다. "인내로써 정복한다." 그런데도 그 어떤 냉소가조차 섀클턴의 지휘관으로서 타고난 능력을 부인하지는 않았다. 한 극지방 탐험가는 다음과 같은 말을 남겼다. "과학적 리더십을 바란

"도무지 답이 안 보이는
 절망적인 상황에 처했다면
         무릎을 꿇고
         그를 보내달라고 빌 것이다."

다면 스콧을 데려가리라. 신속하고 효율적인 여행을 바란다면 아문센을 데려가리라. 하지만 도무지 답이 안 보이는 절망적인 상황에 처했다면 무릎을 꿇고 섀클턴을 보내달라고 빌 것이다."

그는 자신만의 "일생의 목표"를 이루고 싶다는,
몸소 남극 탐험을 해보고 싶다는
열망에 불타올랐다. 하지만 과연
해낼 수 있을지 의심스러웠다.
"미지의 것들이 두려웠다. 특히 실패의 위험이."

4장 　　강철 같은 근성
A SPINE OF STEEL

전장에서 대원들을 지휘하기 시작하면서 헨리 워슬리는 섀클턴을 흉내 내려고 노력했다. 워슬리는 계급적 특권을 포기하고 부대원들과 스스럼없이 지내며 그들의 일을 분담했다. 부하들이 머리를 밀면 그 역시 머리칼을 잘랐다. 한 상관의 지적처럼 그 모습이 "장교스럽지 않았음"에도 개의치 않았다. 워슬리는 인내심과 낙관주의를 신봉했다. 그리고 부하 병사들에게 "그들의 안녕과 생명이 무엇보다 중요하다"는 것을 증명하려고 노력했다. 영국군의 수장이었던 전직 육군 참모총장 닉 카터도 워슬리가 "자신의 병사들, 그러니까 우리는 라이플총 명사수라고 부르는 이들에게 아주 사려 깊고 공감어린 태도를" 보였다고 말한 바 있다. "그는 사람들이 따르는 인물이었어요. 존경받는 지도자이니 그렇지 않겠습니까. 사람들은 그처럼 되고 싶어 했습니다."

워슬리는 수수한 편이었지만 화려함도 즐겼다. 군복을 입지 않을 때는 밝은 색깔 벨트나 셔츠를 즐겨 입었다. 흰 담비를 키우고, 할리데이비슨을 몰고, 이빨 사이로 시가를 꽉 물기도 했다. 시를 "정신의 필수 치료제"라고 여긴 섀클턴처럼 로버트 브라우닝과 러디어드 키플링과 같은 작가들의 시도 즐겨 인용했다. 해외로 파병되었을 때는(첫 파병지는 1980년 키프로스였다) 낯선 풍경을 화폭에 담았고, 북아일랜드에서 처음으로 폭력의 위협에 대면했을 때는 마음을 가라앉히기 위해 뜨개질을 했다. 때로 막사에서 바늘을 쥐고 러그며 쿠션에 레이스를 뜨는 장면이 목격되기도 했다. 런던으로 돌아와서는 감옥의 죄수들을 상대로 레이스 자수법의 일종인 태팅을 가르치는 일을 자원했다.

1988년, 대위로 진급한 워슬리는 타의 추종을 불허하는

포클랜드 제도를 방문한 헨리 워슬리

"나이가 마흔 살가량 되면 책상에 앉아
정치적인 업무를 해야 하는 경우가 많다.
그건 그의 스타일이 아니었다."

신체적 강인함과 대담한 용기로 신비함을 자아내는 검은색 제복 차림의 SAS에 마음이 끌렸다. 섀클턴의 지휘방식을 홍보하던 자기계발서들처럼, SAS의 "인내 기술"과 "실용적 리더십" 기술을 비롯해 "팀 정신"과 "생존 의지"를 키우는 법에 대한 매뉴얼들도 시중에 나돌고 있었다. 워슬리는 SAS 선발 과정에 등록했다. 육체적인 강도가 워낙 세서 참가자가 죽어나가기도 하는 시험이었다. 2013년에는 참가자 두 명이 오랜 행군으로 열사병에 걸려 쓰러졌고, 세 번째는 병원으로 급히 이송되었으나 장기 파손으로 결국 사망했다. (들리는 이야기에 따르면, 1981년에는 두 명이 시험을 받던 중 목숨을 잃었는데, 당시 책임 교관은 이렇게 말했다고 한다. "죽음은 자연이 당신이 실패했다고 말하는 방식이다.")

선발 과정은 총 6개월로, 첫 번째 단계는 사우스 웨일즈의 산악 지대에 위치한 브레콘비콘스 국립공원을 통과하며 시간 내에 일련의 행군을 완수하는 이른바 "죽음의 행군" 코스였다. 워슬리는 완전 군장을 한 채 무거운 배낭을 짊어지고 물만 마시며 나흘을 걸었다. 쓰러지고 중도 포기하는 지원자들이 보였다. 육체 앞에서 정신이 먼저 무너진 사람들이었다. 행군은 '인듀어런스' 구간에서 최고조에 달했다. 25킬로그램이나 나가는 배낭을 짊어지고 900미터 높이까지 64킬로미터를 걸어서 22시간 안에 행군을 마치는 구간이었다.

행군을 마친 뒤에는 헬기를 타고 브루나이로 날아가 오랑우탄과 설표와 독사가 득실대는 정글로 이송되었다. 이번엔 그를 잡으러 다니는 병사 무리를 피해 일주일 동안 살아남아야 했다. 해당 코스의 관리자들이 지상 곳곳에 눈을 심어놓고 그가 어떤 인간인지 파악했다. 얼마 후 악랄한 심문이 이어졌다. "완전 작살이 납니다." 기자에게 이렇게 털어놓은 한 참가자는 약점이 있으면 죄다 이용한다는 말도 덧붙였다. "거미 공포증이 있으면 취조할 때 거미를 이용하는 식이에요." 매년 지원자의 15퍼센트만이 선발 과정을 통과했다. 워슬리도 그중 하나였다. 워슬리와 친했던 한 SAS 장교는 그의 "신사적이고 예술적인 성향이 그 엄청난 강철 같은 근성을 가리고 있었다"고 털어놓았다. 워슬리는 SAS에서 4년을 근무했는데, 하급 장교로서는 드물게 탁월한 성과였다.

1989년, 워슬리는 런던의 한 저녁 파티에서 조애나 스태인턴을 만났다. 사교계에서 멀찍이 떨어져 있던 그와 달리, 적갈색 머리에 늘씬하고 우아한 조애나는 사교계가 무척 편한 사람이었다. 그녀는 MTV에서 뮤직 비디오를 연출하면서 한동안 LA에 살고 있었다. 여행은 좋아했지만 캠핑과 쌀쌀한 겨울을 싫어했는데, 특히나 흰 담비를 싫어했다. 그런데도 그녀와 워슬리는 데이트를 시작했다. "반대끼리 끌린다고들 하잖아요." 그녀가 말했다. "맙소사, 나는 완전히 도시 여자거든요."

하지만 그녀는 용기와 희생이라는 숭고한 목표를 우직

> "인간이라면
> 일생의 목표를 이루기 위해
> 전력을 다해
> 힘써야 할지니."

하게 믿는 워슬리의 예스런 태도가 마음에 들었다(한 친척은 그를 "시대에 뒤떨어진 사람"이라고 설명했다). 그녀는 그의 기이한 취미를 사랑했다. 그녀에게 시를 읽어주는 모습도, 단단한 팔뚝으로 자신을 안아주는 것도 좋았다. 반면 그는 가끔씩 예술 자선행사나 노숙자 쉼터에서 자원봉사를 하며 아무에게나 다가가 넉살 좋게 말을 거는 그녀의 자신감을 사랑했다. 그리고 언제나 "밖으로 나가 꿈을 이루어요"라고 옆구리를 쿡 찌르면서, 자신의 무덤덤함에 숨 쉴 구멍을 내주고 숨겨진 자아를 드러내게 해주는 게 좋았다. 한껏 자유분방한 그녀는 그의 인생에서 가장 한결 같은 존재가 되었다. 그는 그녀를 자신의 "바위"라고 불렀다.

그들은 1993년에 결혼식을 올렸다. 이듬해 맥스가 태어났고 1996년에 얼리셔가 태어났다. 닉 카터는 말했다. "워슬리는 모험을 갈구했지만, 그와 동시에 가족과 함께 집에 있는 것을 좋아했습니다. 아들에게 사격술과 흰 담비로 사냥하는 법을 가르치거나, 겨울에 쓸 장작을 패고 풀을 베는 것들 말이죠."

하지만 워슬리는 자신의 아버지처럼 타지로 전출되어 가족과 떨어져 지내는 경우가 잦았다. 2001년에는 보스니아에서 복무하던 중 거리에서 폭동이 발발했다. 한 민간인이 구타로 사망에 이르자, 폭도 무리가 워슬리를 쫓기 시작했다. 저서에서도 밝힌 것처럼 그는 어느 카페에 숨어들었다. 하지만 군중들이 카페를 포위하더니 돌을 던지고 창문을 박살냈다. "섀클턴이라면 이 상황에서 어떻게 벗어났을까?" 그는 자문했다. 카페에 계속 머문다면 상황이 악화될 뿐이라고 판단했다. "섀클턴이 그랬던 것처럼 결단을 내리고 조치를 취해야 했다." 그는 몸을 숨길 수 있는 장소를 멀리서 정확히 찾아낸 뒤 공격을 뚫고 내달리며 부대를 호출

했다. 그런 뒤 주변에 병사들을 배치하고 주모자를 설득해서 폭동을 진압했다. 훗날 카터가 설명한 것처럼 "강압과 협상을 아주 영리하게 사용한 작전"이었다. 2002년, 위슬리는 "용맹하고 뛰어난 공헌을 세운 것을 인정받아" 여왕으로부터 수훈 훈장을 받았다.

그가 섀클턴을 존경하듯 많은 장교와 병사들이 그를 존경했다. 카터는 한 기자에게 그를 "가장 과소평가됐지만 내가 아는 사람 중 가장 용감한 사람"이라고 설명했다. 위슬리 밑에서 군 생활을 했던 한 병사는 그를 "엄청나게 유능한 지도자"라고 묘사했다. 하지만 그의 군 생활은 곧 교착 상태에 빠졌다. 조애나는 이렇게 회상했다. "그는 군인으로 사는 것을 좋아했습니다. 하지만 나이가 마흔 살가량 되고 부대를 지휘하는 위치가 되면, 그 뒤부턴 파견이 돼도 책상에 앉아 정치적인 업무를 해야 하는 경우가 많아요. 헨리는 그런 일을 질색했습니다." 한 전직 장교의 말에 따르면 그는 자리다툼을 싫어했다. "그건 그의 스타일이 아니었습니다." 2000년에 중령으로 진급한 위슬리는 친한 친구들이 준장이나 장군이 되는 것을 지켜보기만 했다.

한편 섀클턴에 대한 그의 집착은 더욱 깊어졌다. 그는 골동품 가게나 경매장에서 자칭 섀클토니아, 즉 그의 사인이 실린 책과 사진, 일기, 서신 등 다양한 기념품들을 찾느라 오랜 시간을 보냈다. "헨리가 그런 것들을 사 모으느라 쏟아 부은 돈이 한두 푼이 아니었죠"라고 조애나는 회상했다. 한 번은 섀클턴이 인듀어런스호 탐험대에 대해 집필한 책《남쪽South》의 초판본을 손에 넣기 위해 워슬리는 열정적으로 경매에 참여했었다. "사랑을 담아 어니스트가 보냅니다, 1919년 크리스마스"라는, 섀클턴이 부모님께 바치는 메모가 담긴 책이었다. 워슬리가 값을 부를 때마다 전화기 너머에서 익명의 참가자가 끼어들어 값을 올리더니, 결국 7,000달러에 낙찰을 받아 갔다. 몇 주 뒤 열 번째 결혼기념일에, 조애나가 그에게 선물을 주었다. 섀클턴의 메모가 담긴 그 책이었다. 서로 상대가 라이벌이라는 사실을 모르고 경매를 진행했던 것이다. 그는 이 선물을 "가장 소중한 소지품"으로 여겼다.

2003년 11월, 그는 어린 시절부터 꿈에 그리던 장소로 성지 순례를 떠났다. 바로 사우스조지아섬이었다. 섀클턴

> "밖으로 나가 꿈을 이루어요."

과 프랭크 워슬리는 인듀어런스호가 침몰한 뒤 그곳을 피난처로 삼았을 뿐 아니라, 1922년 새로운 남극 탐험을 준비하기 위해 다시 찾았었다. 그리고 섬에 도착한 다음 날, 섀클턴은 심장 마비로 사망했다("그의 가만한 모습은 나에겐 놀라움이었다. 가만함이란 그를 떠올릴 때 절대 생각나지 않을 모습이었기 때문이다"라고 프랭크 워슬리가 기록한 바 있다). 프랭크 워슬리를 포함한 대원들은 섬의 공동묘지에 섀클턴을 묻은 뒤 무덤을 표시하기 위해 돌무더기를 쌓았다. 임시로 장례식을 거행하던 순간을 프랭크 워슬리는 이렇게 회상했다. "눈보라가 우리를 덮쳤다. 내 눈엔 그게 그와 내가 엘리펀트섬에서 구명정을 타고 나와 사우스조지아에 접근했을 때 몰아치던 그 허리케인의 유령처럼 보였다."

> "그러면 이 상황에서
> 어떻게 벗어났을까?
> 결단을 내리고
> 조치를 취해야 했다."

80년도 넘는 세월이 지나, 헨리 워슬리는 배낭과 침낭을 짊어지고 공동묘지 문을 비죽 열고 안으로 들어갔다. 해질 녘이라 돌무덤과 화강암 비석이 겨우 눈에 들어왔다. 비석에는 로버트 브라우닝의 시 구절이 새겨져 있었다. "인간이라면 일생의 목표를 이루기 위해 전력을 다해 힘써야 할지니." 워슬리는 땅바닥에 침낭을 놓고 그 속에 기어들어가 화강암 덩어리를 마주보았다. "비석을 만지려고 손을 뻗으면서 나는 이 순간이 내 인생에서 얼마나 중요한 순간인지 잠시 생각했다." 그는 이렇게 일기를 썼다. "나는 평생의 영웅이던 분의 무덤 옆에서…… 밤을 보낼 생각이었다."

2003년, 워슬리는 사우스조지아섬에 있는 섀클턴의 무덤을 방문했다.

이후 그는 휴 드 로투르라는 이름의 뉴질랜드 출신 탐험가가 지은 소네트를 하나 발견했는데, 그의 감정을 고스란히 반영하고 있는 이 소네트에 주석을 붙이며 큰 소리로 암송하곤 했다.

> 잠들다, 어니스트 경, 당신의 별 아래 잠들다
> 모든 역경을 이겨내고 "일생의 목표"를 일궜으니
> 지리적 목표가 아니라 그보다 훨씬 숭고한
> 리더십의 꼭대기를 거머쥐었다.
> 잠들다, 어니스트 경, 잠들다. 그보다 더 자격 있는 이 없음을
> 신도 알고 있으니. 기나긴 남극의 밤이
> 적이 아니라 이젠 친구구나. 남쪽의 하얀 전쟁에서 이겼으니
> 컴컴한 죽음의 문에서 대원들이 빛으로 인도해준다.
> 어떻게 견디고 극복했을까?
> 살아남기 위한 매일의 사투를.
> 죽음이 욕보일 수 없는 곳을 훨씬 지나

반은 굶주리고 반은 언 채로, 어떻게 살아남았을까,

당신이 보살폈다 하나 어떻게 모두 무사할 수 있었을까?

신은 아신다. 신은 훤히 아신다. 그가 거기 있었기 때문이다.

사우스조지아로의 여행을 마친 워슬리는 자신만의 "일생의 목표"를 이루고 싶다는, 몸소 남극 탐험을 해보고 싶다는 열망에 불타올랐다. 하지만 과연 해낼 수 있을지 의심스러웠다. 그는 말했다. "미지의 것들이 두려웠다. 계획하기, 훈련하기, 모금하기. 특히 실패의 위험이."

여전히 조애나에게 남극은 세상에서 가장 끔찍한 곳이었다.
하지만 그녀는 "모든 이가 남극을 품고 있다"고 믿었다.
자신에 대한 답을 찾기 위한 장소 말이다.
그래서 그녀는 사랑하는 남자를 잃을지도 모른다는
두려움에도 불구하고, 그의 모험을 축복해주었다.

5장 공격 계획
PLAN OF ATTACK

2004년 3월, 워슬리는 섀클턴의 손녀인 알렉산드라 섀클턴에게서 연락을 받았다. 몇 년 전 그들은 런던 크리스티 경매장에서 처음 만났다. 워슬리가 섀클턴의 사인이 담긴 사진을 성공적으로 낙찰받은 날이었다. 그 이후로도 워슬리는 극지방 탐험에 대한 강연장에서 주기적으로 그녀와 마주쳤고, 남극 탐험에 대한 자신의 열망을 그녀와 나누었다.

  알렉산드라는 워슬리에게 윌 가우라는 이름의, 섀클턴의 또 다른 후손(조카의 아들)을 만났으면 싶다고 말했다. "당신처럼 월도 할아버지를 굉장히 존경해요. 몇 년째 탐험을 떠나겠다는 뜻을 품고 있어요"라고 그녀가 말했다.

사우스 런던의 한 펍에서 워슬리는 가우를 만났다. 서른세 살의 은행가로 통통한 얼굴에 가느다란 푸른 눈이 흥분으로 크게 확장돼 있었다. 가우는 니므롯 탐험대의 100주기가 몇 년 앞으로 다가왔으며, 기념일에 맞춰 탐험을 재현하고 싶다고 목에 핏대를 세웠다. 워슬리는 그 실패한 탐험을 둘러싼 소소한 이야기에 푹 빠졌다. 1908년 10월 29일, 섀클턴은 세 명의 대원을 데리고 탐험을 떠났다. 탐험대의 부사령관은 제임슨 보이드 애덤스라는 이름의 기상학자였다. 1909년 1월 9일, 극점에서 97해리(약 180킬로미터)도 채 남지 않은 곳까지 도착한 섀클턴은 얼음에 영국 국기를 꽂으며, "위대하신 에드워드 7세의 이름으로 그 대지를 손에" 넣었다. 하지만 곧이어 오도 가도 못하는 곤란한 난관에 봉착했다. 며칠만 더 걸어가면 극점이라는 성배를 손에 넣을 수 있는 상황이었으나, 그러면 귀환길에 식량이 고갈돼 이미 지쳐 있는 대원들의 목숨이 위험해질 수도 있었다. 결국 섀클턴은 워슬리가 보기에 "극지방 탐험 역사상 가장

> "육체적 한계를
> 극복하는 것보다,
> 내가 정신적으로
> 얼마나 강한지 확인하고 싶었다."

이타적이고 놀라운 결정"을 내렸다. 그 길로 뒤로 돌아선 것이다.

가우는 섀클턴과 함께한 대원들의 후손으로 새로운 탐험대를 구성할 계획이었다. 그리고 섀클턴이 찍었던 가장 먼 지점에 정확히 100년 뒤인 2009년 1월 9일에 도착한 뒤 남극점까지 걸어가, 가우의 표현에 따르면 "미완의 가업"을 완수할 생각이었다.

워슬리는 놀라운 마음으로 경청했다. 일생일대의 기회가 찾아온 것이다. 군에서도 탐험을 떠나도록 허락해줄 거라고 자신했다. 그렇게 두 공모자 워슬리와 가우는 여행을 구상하기 시작했다. 우선 다른 대원들을 찾고 장비 및 경비를 마련하기 위해 40만 달러를 모금해야 했다. 그리고 훈련에 돌입해야 했다. 극지방 탐험의 유전자를 타고났다고 하더라도 실제 경험해본 적은 없던 터였다.

그들은 인정사정없는 훈련 계획에 돌입했다. 두 사람은 트랙터 바퀴를 허리춤에 끈으로 묶고선 이리저리 공터에서 끌었다. 2005년에는 캐나다 북서쪽에서 혹한의 야생을 뚫고 달리는 몬테인 유콘 알틱 울트라 대회에도 참여했는데, 이 경주는 세계에서 가장 힘든 지구력 테스트로 알려져 있다. 온도가 영하 50도로 내려가기도 해, 참가자들이 동상을 입고 손가락 발가락을 절단하는 경우도 있었다.《뉴스위크》지는 이 행사를 두고 "잭 런던의 소설 속 배경" 같다고 논평한 바 있다(과학자들은 이 행사를 통해 극한의 환경이 인간의 신체에 미치는 영향에 대해 연구하곤 했다).

다양한 카테고리 중에서 워슬리와 가우는 썰매에 모든 비품을 싣고 끌면서 480킬로미터(그들이 계획했던 남극 탐험의 3분의 1에 해당하는 거리였다)를 걷는 코스에 지원했다. 경주를 완주하는 데 꼬박 8일이 걸렸다. "육체적 한계를 극복하는 것보다, 내가 정신적으로 얼마나 강한지 확인하고 싶었다." 워슬리는 이렇게 적었다. "이렇게 짧은 코스에서 포기하려는 낌새를 비친다면 앞에 놓인 도전에는 재앙일 터였다. 혹시 진짜 포기한다면…… 탐험대에 있어야 할지 진지하게 고민해봐야 할 것이다."

옷으로 몸을 겹겹이 싸매고 조명탄으로 무장한 그들은 빽빽한 소나무 숲을 헤치고, 산을 넘고, 얼어붙은 강을 가로지르며 썰매를 끌었다. 강을 건너다 얼음이 깨져서 가우의 발이 물에 빠지기도 했다. 혹시라도 물에 젖는 일이 생기면 5분 안에 처치를 해야만 저체온증에 걸리지 않는다는 공지를 사전에 들은 터였다. 가우는 황급히 불을 피우고 발을 말린 뒤 옷을 갈아입었다. 그렇게 그들은 앞으로 나아갔다. 머리 위로 북극광이 어른어른 초록빛을 발했다.

며칠을 걷고부터 워슬리와 가우는 불면과 감각 상실에 시달렸다. 배고픔으로 머리가 어지러웠다. 곧이어 환청이 들리기 시작했다. 계속 걷기 위해 워슬리는 아픈 딸을 썰매에 싣고 의사에게 달려간다는 상상을 하는 "극단적인 조치"를 취할 수밖에 없었다. 그와 가우는 주어진 시간보다 그렇게 그들은 앞으로 나아갔다.
머리 위로 북극광이
어른어른 초록빛을 발했다.

몇 시간이나 앞서 결승선을 밟고선 털썩 주저앉았다. "사실상 첫 번째 시험이었다." 가우는 이렇게 회상했다.

 탐험에 돌입하기 2년 전인 2006년, 워슬리는 아프가니스탄 헬만드주로 파병되었다. 해당 지역에 영국군을 배치하기 전에 (그의 표현에 따르자면) "눈과 귀"의 역할을 하기 위해서였다. 그는 군데군데 모서리를 접어놓은 섀클턴의 니므롯 탐험기《남극의 심장》을 비롯해 물감과 붓, 뜨개질 용품, 현지인들과 어울리기 위한 크리켓 방망이와 공이 든 가방을 챙겼다. 몇 달 동안 그는 헬만드를 돌아다니며 부족의 어른들과 이슬람 율법학자들과 이야기를 나누었다. 훗날

한 기사를 통해 워슬리는 이렇게 말했다. "아프가니스탄에서 살아남기 위해서는 병력과 화력만큼이나 시민들과 그들의 문화에 공감을 하는 게 중요하다."

기밀 정보를 수집한 그는 상관에게 영국군을 배치하는 것은 시민들을 동요하게 만들고 탈레반의 잔인한 복수를 부를 수 있으므로 "말벌집을 쑤셔놓는 것"만큼 위험하다고 경고했다. 그의 말은 미래를 정확히 예측한 것이었다. 영국의 국회의원 톰 투겐타트도 "헨리는 어떤 문제가 닥칠지 제대로 내다보았다"고 훗날 기자에게 고했다. 하지만 당시 워슬리의 경고는 일반 국민에게 미칠 위험을 하찮게 여기던 많은 군과 정계 지도자들에겐 성가신 지적질일 뿐이었다. 워슬리가 행여 진급에 미련이 남아 있었다면 그의 솔직함이 그 길을 막아버린 셈이었다.

하지만 그는 더 이상 실망하지 않았다. 그는 비망록에 섀클턴이 인듀어런스호의 침몰 이후 남겼던 조언을 베껴 적었다. "기존의 목표가 사라지면 새로운 목표를 설정해야 한다." 워슬리는 문득 이런 생각이 들었다. 승진을 했더라면 다가오는 탐험을 준비할 시간도, 그토록 원했던 탐험가가 될 수도 없지 않았겠는가. "남편은 자신이 꿈을 이룰 수 있으리라는 것을 갑자기 깨닫더군요." 조애나는 당시를 이렇게 회상했다.

워슬리가 아프가니스탄에서 돌아올 때쯤 가우가 세 번째 대원을 찾았다. 서른 살의 해상 변호사 헨리 애덤스였다. 애덤스는 탐험가가 되기에는 약간 창백하고 호리호리한 편이었으나, 성격이 좋고 아주 열성적이었다. 게다가 그는 니므롯 탐험대의 부사령관이었던 제임슨 보이드 애덤스의 증손자였다.

그해 4월, 워슬리와 두 명의 일행은 그린란드에서 서쪽으로 1,450킬로미터 떨어진 캐나다령 배핀섬으로 향했다. 그리고 거기서 몇 주 동안 매티 맥네어와 훈련을 했다. 매티는 54세의 미국 탐험가로, 1997년 최초로 탐험대 전원을 여성으로 꾸려 남극까지 이끈 장본인이다. 극지방 환경에 그토록 오래 노출된 적이 처음이다 보니 황당한 실수들도 숱하게 있었다. 휴대용 스토브를 깜빡 잊고 끄지 않아 텐트를 홀라당 태워먹을 뻔하는가 하면 스키를 너무 천천히 타서 방향을 똑바로 찾지 못하기도 했다. 하루는 색이 들어간

그린란드 해안가 빙산에 친 캠프.

고글을 거부하는 바람에 워슬리가 설맹으로 고생하기도 했다. 하지만 실수로부터 배운 덕에 그들은, 애덤스의 표현에 따르면, "얼음 위에서 살아가는" 법을 더욱 잘 파악하게 되었다.

하지만 탐험 계획은 위기에 봉착했다. 팀의 리더십 부재 문제가 곪아 터진 것이었다. 표면상으로는 가우가 책임자였지만 탐험대에 체계가 잡히지 않아 대원 간에 긴장감이 감돌았다. 무엇보다 자금이 아주 조금밖에 모이지 않았다. 배핀섬의 텐트 속에서 워슬리는 힘들게 가우에게 이 문제를 꺼냈다. 그리고 무언가 조치를 취하지 않으면 탐험대에서 빠지겠다고 협박했다. "헨리는 정면으로 돌파했습니다"라고 애덤스는 회상했다. 가우는 심사숙고 후 워슬리에게 탐험대를 이끌어달라고 부탁했다. "군인이라는 배경을 고려했을 때 일리 있는 결정이었지요." 가우는 이렇게 회상했다. "애덤스와 나는 하찮은 애송이에 불과했거든요. 지혜롭고 나이 많은 올빼미가 우리를 이끌게 된 것에 만족했습니다."

출발하기까지 2년 동안 워슬리는 임무 완수를 위해 전력을 다했다. 그는 군 업무를 마치고 늦은 밤 잠재적 기부자들에게 만남을 요청하는 편지를 썼다. "일단 사람들을 만나기만 하면 보통 후원금을 받아오셨죠." 그의 아들 맥스는 이렇게 회상했다. "아버지의 불같은 열정이 내면에서 보였고, 그게 사람들을 사로잡았던 겁니다." 공격 계획을 구상하는 장군처럼 워슬리는 몇 시간이고 지도를 살피며 정확한 탐험 루트를 짰다. 그에게 남극은 열심히 연구하면 할수록 가까이하기 어려운 곳처럼 보였다. 남극 대륙은 유럽보다 큰 약 1,424만 제곱킬로미터로 겨울에는 해안의 물이 얼면서 두 배로 커진다. 또한 남극의 98퍼센트 가량을 덮고 있는 얼음판 곳곳이 우뚝 솟고 움푹 꺼지고 굽다랗게 휘어있다. 땅을 덮은 얼음판은 두께가 4,600미터로, 담수 70퍼센트와 얼음 90퍼센트로 구성돼 있다.

하지만 남극은 사막으로 분류된다. 강수량이 아주 적기 때문이다. 평균 고도가 2,300미터로 가장 건조하면서 가장 높은 대륙에 해당한다. 또한 시속 320킬로미터의 강한 돌풍이 몰아치는, 가장 바람이 많이 부는 곳이면서, 내륙 온도가 영하 75도까지 내려가는 가장 추운 곳이기도 하다. (과학자들은 평균 표면 온도가 영하 67도인 화성용 우주복 실험을 남극에서 진행해왔다.)

워슬리, 가우, 애덤스는 뉴질랜드의 남쪽에 있는 로스섬에서 탐험을 시작하도록 계획을 세웠다. 로스섬은 로스해까지 쭉 뻗은 로스 빙붕에 둘러싸인 전 세계에서 가장 큰 유빙流氷으로, 크기는 47만 제곱킬로미터가 넘고 평균 두께는 300미터가 넘는다. 여름의 로스 빙붕은 대륙의 다른 지점보다 바다로 접근하기가 쉽다. 또한 상대적으로 땅이 무른 데다 남극 한가운데까지 약 966킬로미터나 뻗어 있어서 남극 탐험 황금기에 남극 탐험대들이 시작점으로 삼곤 했었다. 섀클턴, 스콧, 아문센 모두 이 빙붕에서 탐험을 시작했다.

이들 탐험가들과 마찬가지로 워슬리가 이끄는 팀 역시 빙붕을 가로질러 남쪽으로 약 400해리(약 741킬로미터)를 걸은 뒤 대륙을 둘로 가르며 웨들해까지 뻗은 남극횡단산맥에 도착할 계획이었다. 남극고원(대륙형 빙붕의 높고 단조로운 고원으로 남극이 위치해 있음)에 도착하기 위해서는 거의 4,600미터 높이의 이 산지를 지날 수밖에 없었다. 다행히 니므롯 탐험대를 이끌던 섀클턴이 몇 안 되는 쓸 만한 길

> "기존의 목표가 사라지면
> 새로운 목표를 설정해야 한다."

을 하나 발견해놓았다. 너비 40킬로미터, 길이 200킬로미터에 얼어붙은 둑길처럼 산맥 사이를 가로지르는, 빙하로 뒤덮인 계곡으로, 섀클턴이 "남극으로 가는 탁 트인 길이 눈앞에 나타났다"고 언급한 곳이었다.

그렇지만 이 빙하(섀클턴이 비어드모어라고 이름 붙였는데 스코틀랜드 기업가이자 탐험대의 후원자인 윌리엄 비어드모어의 이름을 딴 것이다)는 겉보기와 달리 위험하다. 높이가 2,400미터인 데다 표면이 온통 크레바스투성이다. 섀클턴의 마지막 만주산 조랑말도 크레바스 속으로 사라졌다. 스콧 역시 후반 탐험에서 빙하를 건너다가 대원 하나가 크레바스에 떨어져서 머리에 치명적인 부상을 입은 적이 있었다. 그래서 결국 겨우 열두 명(달 위를 걸었던 인원과 같은 숫자다)만이 빙

비어드모어 빙하. 워슬리는 이 빙하를 자신의 "최고의 강적"이라 불렀다.

하 위를 걸었다. 워슬리는 이곳을 자신의 "최고의 강적"이라고 일컬었다.

그와 일행이 빙하 횡단에서 살아남는다면 남극고원 위에 서게 될 터였다. 거기서 3,000미터 높이의 타이탄 돔을 올라가면 섀클턴의 마지막 걸음이 닿았던 남위 88도 23분, 동경 162도 지점에 도달할 수 있었다. 거기서 97해리(약 180킬로미터)를 더 걸어가면 고도 2,800미터인 극점이었다.

"남는 시간을 전부 이 프로젝트에 바쳤다. '빌어먹을 섀클턴'이 아이들 입에도 붙었을 정도였다." 2008년 10월, 그와 동료들은 공식 명칭 매트릭스 섀클턴 100주년 탐험대에 승선할 준비를 마쳤다. 탐험을 떠나기 전, 워슬리와 그의 가족은 크리스마스를 일찍 축하하기 위해 모였다. 헨리가 수년 동안 남극의 영예에 대해서 떠들어왔지만 여전히 조애나에게 그곳은 세상에서 가장 끔찍한 곳이었다. 하지만 그녀는, 토마스 핀천의 말을 빌려 "모든 이가 남극을 품고 있다"고 믿었다. 자신에 대한 답을 찾기 위한 장소 말이다. 그녀의 남편에게 그곳은 진짜 남극이었다. 그래서 사랑하는 남자를 잃을지도 모른다는 두려움에도 불구하고, 그녀는 그의 모험을 축복해주었다.

워슬리의 결정은 아이들에겐 더욱 이해하기 힘든 것이었다. 열두 살이던 얼리셔에게 아빠의 썰매는 타고 노는 장난감에 불과했다. 가족끼리 크리스마스 선물을 교환할 때 열네 살 맥스는 불안해보였다. 이번 건은 해외 파병을 가는 것과는 달랐다. 그땐 가족을 남겨두고 떠나는 것에 선택의 여지가 없었지만 이번엔 어떤 신비스러운 내면의 부름에 몸소 응답한 것이었다. 맥스는 남극에 대한 어렴풋한 상상을 바탕으로 시를 지었고, 다가올 아빠의 여행에 대해 짧은 에세이를 썼다. "아주 어려서부터 섀클턴에 대한 이야기를 수없이 들어왔다. 그리고 크면서 섀클턴을 훨씬 이해하고 존경하기 시작했다." 맥스가 쓴 글의 일부다. "아빠가 항상 하고 싶어 하시던 일을 하고 계셔서 너무 기쁘다. 하지만 동시에 걱정도 된다. 세상에서 가장 황량한 벌판이라지만, 빙하나 크레바스 아래로 떨어질 위험이 있기 때문이다."

조애나는 남편을 공항까지 태워다주고 울기 시작했다. 워슬리는 그녀에게 걱정하지 말라며 섀클턴의 말을 인용했다. "살아 있는 당나귀가 죽은 사자보다 나은 법이야."

곧이어 세 사람은 발아래서 놀라운 것을 발견했다.
푸른색 얼음판이었다. 하지만 대원들은
그 아름다움이 속임수임을 금방 깨달았다.
"콘크리트처럼 딱딱했다."
머지않아 아이젠의 스파이크가 휘고 깨지기 시작했다.
대원들은 반복해서 미끄러지며
얼음에 세게 부딪쳤다.

6장 젖으면 죽는다
GET WET AND YOU DIE

2008년 10월 30일, 워슬리, 가우, 애덤스는 칠레의 남단 푼타아레나스에 도착했다. 그들은 '남극 물류지원 및 탐험 Antarctic Logistics & Expeditions(이하 ALE)'이라는 회사 소유의 창고로 향했다. 여름이 되면 3만에서 4만 5,000명가량의 여행객들이 남극 대륙을 방문하는데 대부분 작은 크루즈선을 타고 여행하는 사람들이다. 워슬리 일행은 탐험에 필요한 물류를 지원받을 업체로 ALE를 고용했다. 로스해의 시작점까지 일행을 비행기로 운송해주는 것도 그들의 몫이었다.

창고에 도착한 워슬리 일행은 탐험에 필요한 동결 건조 식품들을 모았다. 그들은 여러 세대를 거쳐 극지방 탐험가들을 괴롭혀온 문제에 직면했다. 썰매를 끌려면 한정된 수량밖에는 싣지 못하므로 배고픔에 취약한 상태가 될 수밖에 없다는 것이었다. 섀클턴은 니므롯 탐험 중에 슬픔에 잠겨 이렇게 적었다. "인간이 시간과 무한한 식량을 이토록 갈구하다니. 그것이 있어야만 우리는 이 거대하고도 외로운 대륙의 비밀을 진정 관통할 수 있다."

워슬리의 계산에 따르면 탐험에 걸리는 시간은 9주였다. 각자가 썰매를 포함해 식량까지 약 140킬로그램까지만 실을 수 있다 보니 짐을 필수품으로 줄이고 또 줄여야 했다. 워슬리는 자신이 먹을 식량을 열 개의 가방에 나누어 밀봉했다. 가방 한 개당 일주일치로, 비상 상황에 대비해 여분도 넣었다. 옷은 바지 두 벌, 플리스 셔츠 하나, 모자 달린 다운재킷 하나, 장갑, 목에 두르는 각반, 얼굴용 마스크, 내복 두 벌, 양말 세 켤레를 챙겼다. 크로스컨트리 스키와 막대기도 가져갔다. 등반에 쓸 아이젠과 줄도 넣었다. 응급 처치 훈련을 받은 유일한 대원으로서 항생제, 주사기, 부

"낙관주의와 인내심, 용기,
그리고 절망적인 상황에서
구출하리라는 확신."

목, 모르핀이 든 구급상자도 챙겼다. 일기와 《남극의 심장》을 넣을 공간도 잊지 않았다. 그리고 그에게 가장 중요한 장비를 조심스럽게 챙겼다. 태양열 충전식 배터리가 달린 위성 전화기였다. 그게 있어야 대원들이 짧게 음성 메시지를 녹음할 수 있을 뿐 아니라 매일 ALE 오퍼레이터와 그들의 좌표 및 건강 상태를 확인하고 보고할 수 있었다. 그래야 탐험대가 이틀 연속 교신에 실패하면 ALE가 수색 및 구조용 비행기(워슬리는 이 비행기를 "세상에서 가장 비싼 택시"라고 불렀다)를 급파할 수 있을 터였다.

아이팟 같은 사치품을 비롯해 카드 한 벌과 기념품 몇 개도 자체적으로 허용했다. 워슬리는 가족과 친구들이 준 쪽지로 가득한 봉투를 챙겼다. 거기엔 조애나가 격려가 필요한 순간에 열어보라고 준 쪽지도 들어 있었다. 앞주머니에는 가장 소중한 물건을 쑤셔 넣었다. 바로 섀클턴이 탐험 때 사용하던 황동 나침반이었다. 알렉산드라 섀클턴이 이번에는 꼭 남극에 닿았으면 좋겠다며 그에게 준 것이었다.

워슬리에게 있어 섀클턴과 가까워지는 것은 그 자신과 가까워지는 길이었다. 탐험 웹사이트와의 한 인터뷰에서 그는 섀클턴의 가장 존경스런 자질로 그의 "낙관주의와 인내심", "용기", 그리고 목숨이 위태로운 대원들에게 "그가 절망적인 상황에서 그들을 구출하리라는 확신"을 심어준 능력이라고 늘어놓은 바 있었다.

탐험대를 지휘하는 것은 군에서 병사들을 지휘하는 것보다 훨씬 까다로운 일이었다. 남극에서 그의 권위는 공식적인 게 아니라 그저 주어진 것이었다. 게다가 극지방 탐험가로서 동료들보다 더 나은 경험을 가진 것도 아니었다. 하지만 그는 그들의 목숨을 책임져야 한다는 한없는 마음의 짐을 느꼈다. 그는 가우와 애덤스에게 약조했다. "자아도, 자존심도 내세우지 않겠네. 그리고 누군가 불편해하거나 속도를 내지 못해서 짐을 들어달라고 부탁하면 스스럼없이 수용할 걸세."

11월 10일, ALE 비행기가 떠날 채비를 끝냈다. 수십 년 동안 꿈꿔온 워슬리의 남극 탐험은 그렇게 시작되었다.

비행기(소련식으로 디자인된 거대한 화물 수송기로, 소음이 너무 심해 워슬리 일행은 자신들의 목소리도 들을 수 없었다)가 4시간 반의 비행 끝에 케이프 혼 남쪽에 있는 ALE 남극 캠프로 그들을 데려갔다. 도착하자마자 그들은 얼음 활주로를 미끄러져 내려갔다. 그리고 날씨가 맑아지기를 기다렸다가 프로펠러 한 쌍과 착륙용 스키가 달린 좀 더 작은 항공기에 탑승했다. 대륙을 가로질러 날아가는 동안 창밖으로 얼음판의 깊은 틈들이 아래로 보였다. "보이는 곳마다 작은 마을 크기의 크레바스들이 있었다." 워슬리는 이렇게 기록했다. "우리가 곧 무엇을 하려는지가 그 짧은 시간에 아주 분명해졌다. 아무도 입을 열지 않았다." 마침내, 남서쪽을 향해 1,930킬로미터 이상 11시간 동안 비행을 마친 뒤 비행기가 로스섬 인접한 해빙에 착륙했다. "세상에, 드디어

로버트 팰컨 스콧 일행이 첫 남극 탐험 중 크레바스에서 한 대원을 끌어당기고 있다.

왔군." 워슬리가 소리쳤다.

수년 동안 그는 마음속으로 남극을 그려왔었다. 비행기에서 기어 내려간 그는 설레는 마음을 안고 부츠로 1미터 두께의 얼음을 밟았다. 영하 14도의 찬 기온에 콧구멍이 타는 것 같았다. 늦은 저녁이었지만 여름이라 날이 훤해 남극 탐험가들에게 등대 역할을 해온, 로스섬의 두 화산이 보였다. 하나는 3,000미터가 넘는 휴화산인 테러산이고 또 하나는 3,700미터가 넘는 활화산 에레버스산이었다. 얼음으로 뒤덮인 봉우리에서 시커먼 연기가 새어 나오고 있었다.

일행에서 멀지 않은 곳에선 펭귄들이 얼음에 배를 깔고 미끄럼 놀이를 하고 있었다. 아직까지 죽은 세계는 아니었다. 35킬로미터 정도 떨어진 섬의 남쪽 끝에는 맥머도 기지가 있었다. 이 기지는 1955년 미국 정부가 개설했을 때부터 과학 연구의 허브 역할을 해온 곳이다. 여름에는 1,000명가량의 사람들이 이곳에 거주하는데, 남극에서 가장 많은 인구다. 얼음 속에 자체 발전소와 기숙사를 세워 운영 중인 이 기지는 외관만 보면 더러운 화물 자동차 휴게소처럼 보인다.

대원들은 섬으로 향했다. 워슬리는 밥그릇 모양의 계곡이 내려다보이는 산등성이를 올라가다 느닷없이 걸음을 멈추었다. 바로 아래에, 화산암과 얼음 한가운데에 꽉 닫힌 창문과 철제 굴뚝이 달린 나무 오두막이 외따로 서 있었다. 그게 뭔지 워슬리가 말해줄 필요는 없었다. 모두 알고 있었다. 그것은 1908년 2월 섀클턴과 대원들이 남극으로 출발하기 전에 겨울을 나기 위해 지었던 오두막이었다. 섀클턴은 그 오두막을 "우리의 모든 꿈과 희망의 메카"라고 불렀다. 2004년, 환경보호 활동가들이 복구를 시작한 덕분에 오두막은《남극의 심장》에서 흐릿한 사진으로 보았던 것과 똑같은 모습을 하고 있었다.

가우가 달려가서 문을 열었고, 워슬리와 애덤스가 그를 따라 안으로 들어갔다. 어둑한 가운데서 워슬리는 여기저기 흐트러져있는 니므롯 탐험대의 잔재들을 알아보았다. 마치 일행이 잠시 자리를 피운 것만 같았다. 깡통 식품, 끈이 너덜너덜해진 가죽 부츠, '설사'라고 적힌 푸른색 약병. 서까래에는 썰매 두 개가 매달려 있었고, 벽에는 알렉산드라 여왕의 사진 액자가 걸려 있었다. 일기에서 섀클턴은 탐

"나의 멘토에게
 갈 수 있는 데까지 다가갔다.
    남은 일은 극점까지
     그의 발자취를 따라가는 것뿐이다."

험을 출발하기 전에 한 줄기 빛이 액자 앞을 지나갔다고 설명하고 있는데, 그는 이것을 "행운의 징조"로 여겼다.

가우는 환영 같은 장면에 숨이 턱 막혔다. 애덤스는 그의 증조할아버지가 눈을 붙이던 침상을 발견했다. 그동안 워슬리는 무덤 속을 뒤지듯 컴컴한 방을 구석구석 살폈다. "나의 멘토에게 갈 수 있는 데까지 다가갔다." 그는 나중에 이렇게 적었다. "남은 일은 극점까지 그의 발자취를 따라가는 것뿐이었다."

그날 밤, 일행은 오두막에서 캠핑을 했다. 꽁꽁 언 바닥에 침낭을 깔고 그 속에 들어가 누웠다. 방안을 감도는 침

섀클턴의 오두막을 방문한 뒤 워슬리는 이렇게 일기에 적었다.
"남은 일은 극점까지 그의 발자취를 따라가는 것뿐이었다."

묵이 그들의 긴장감을 말해주었다. 다음 날 아침인 11월 14일, 워슬리가 제일 먼저 일어났다. "잠을 잘 수가 없었다. 막중한 임무에 부담이 컸던 것 같다." 그는 부츠를 신고 텐트 밖으로 빠져나와 ALE 오퍼레이터에게 전화를 걸었다. "매트릭스 섀클턴 탐험대, 첫 번째 보고를 보낸다." 그가 말했다. "몇 시간 후에 출발 예정이다. 모든 것이 순조롭다. 건강에도 이상 없다."

"좋다." 오퍼레이터가 답했다. "멋진 여행하길 바란다."

눈을 뜬 워슬리 일행은 여러 겹의 옷으로 몸을 미라처럼 칭칭 감싼 뒤 썰매에 식량을 실었다. 워슬리는 썰매마다 무게를 균등하게 배분하도록 신경 썼다. 그리고 방수포로 짐을 덮었다. 썰매("언제나 조금 더 멀리"와 "인내로써 정복한다"라는 글귀가 새겨져 있었다)가 어뢰처럼 보였다. 워슬리는 벨트로 썰매를 허리춤에 연결한 뒤 부츠에 스키를 끼우며 가족들이 그 위에 써놓은 메시지를 보았다. "포기하지 마요." "꾸물거리지 말고 밀어붙여요."

오전 10시(섀클턴이 출발한 시간이다)가 되자 워슬리와 대원들은 벨트에 기대어 걷기 시작했다. '일평생을 기다려

온 순간이다'라고 워슬리는 생각했다. 하지만 무거운 썰매를 끌면서 몸을 앞으로 밀어내고자 팔다리에 안간힘을 쓰고 있자니 번뜩 의심이 들었다. "많은 것들이 불안했다. 팀원들을 실망시킬까봐, 부상을 당할까봐, 우리를 지지해준 모든 사람들을 낙담시킬까봐, 완주하기에 육체적으로 힘이 부칠까봐. 한마디로 실패가 두려웠던 것이다."

바닥은 대체로 평평하고 부드러웠다. 로스 빙붕을 향해 남쪽으로 향하면서 가속도가 붙기 시작했다. 워슬리는 매티 맥네어가 배핀섬에서 해준 조언을 가슴에 새겼다. "함께 붙어 있어요. 절대 흩어지지 말아요." 그녀가 당부한 규칙은 이뿐이 아니었다. "물에 젖으면 죽습니다."

몇 킬로미터를 걷자, 버려진 나무 오두막이 또 하나 나왔다. 로버트 팰컨 스콧과 그의 대원들이 1911년, 운명적인 남극 탐험을 하던 중에 지은 것이었다. 얼음이 정글의 담쟁이넝쿨처럼 나무 벽을 기어 올라가 유리창을 덮고 있었다. 워슬리 일행은 오두막 안에서 스콧이 지도를 연구하던 해도대와 로렌스 오츠 선장의 침대를 발견했다. 오츠 선장은 극점을 찍고 돌아오는 길에 "잠시 나갔다 오겠습니다. 어쩌면 조금 오래 걸릴 수도 있습니다"라는 말을 남기고 텐트를 떠난 뒤 다시는 돌아오지 않았다.

물건들을 살피는 워슬리의 마음이 뒤숭숭했다. "슬프고 애처로운 마음을 떨쳐버릴 수가 없었다." 대원들은 강렬한 눈보라에 휩쓸려 오랫동안 사라져버린 선조들의 발자취를 재빨리 다시 추적하기 시작했다. 워슬리 일행이 남긴 새로운 흔적 역시 서서히 사라졌다. 작은 얼음 알갱이들이 재처럼 바람에 흩날렸다. 그들은 나침반에 의지해 남쪽으로 향하는 궤도를 유지했다. 입에선 입김이 연기처럼 나왔고 메마른 추위 속에 몸에선 땀이 났다. 일곱 시간동안 썰매를 끌고 난 뒤 워슬리가 하루 일정을 접자고 명령했다. 거의 8해리(약 15킬로미터)나 걸은 뒤였다. 1월 9일에 156킬로미터 지점에 도착하기 위해서는 하루 평균 10~12해리(약 19~22킬로미터) 정도를 걸어야 했다. 하지만 꽤 만족스런 시작이었다.

그들은 번거로운 캠프 설치 작업을 시작했다. 대략 가로 2미터, 세로 4미터의 텐트를 설치한 뒤 썰매에서 식량을 챙기고 보금자리에 몸을 밀어 넣었다. 그런 뒤 스키 부츠와

탐험을 시작할 무렵의 워슬리, 가우, 애덤스.

땀에 젖은 양말을 벗었다. 양말은 다른 젖은 것들과 함께 머리맡의 빨랫줄에 널었다. 그리고 동상에 걸린 데는 없는지 확인한 다음 뽀송한 양말과 텐트용 "부츠"를 신었다. 이어서 가스스토브에 불을 붙인 뒤 주전자에 눈을 담아 녹이고 동결 건조 식사 봉지에 뜨거운 물을 부었다.

식사를 하면서 그들은 상대적으로 따뜻한 날씨에 대해서 이야기를 나누었다. 기온이 영하 10도에 육박했다. 애덤스는 저녁 방송을 하며 "100년 전 탐험 첫날의 새클턴처럼 아름다운 햇살"을 쬐는 행운을 누렸다고 전했다. 하지만 은밀하게는 워슬리와 가우에게 자신의 썰매 끄는 기술이 아마추어 같으며, 마음이 굉장히 불안하다고 털어놓았다. "그는 정직했고 옳았다." 워슬리는 이렇게 일기에 적었다. "우리 중 그 누구도 앞으로 두 달 동안 어떤 경험을 하게 될지 알지 못했다."

저녁 식사를 마친 뒤 세 사람은 눈에 칫솔을 찍어 양치질을 했다. 워슬리는 그게 인간다움을 지키는 필수적인 행위라고 믿었다. 그런 다음, 자리를 확보하고 침낭을 펼쳤다. 하지만 워슬리는 침낭으로 기어 들어가지 않았다. 근육

"기도드리오니
성공할 수 있게 해주십시오.
온 마음을 바쳐
바라왔던 일입니다."

이 쑤시고 기온이 떨어지는데도(태양이 지평선에 바짝 붙어 있었다) 그는 저녁 산책을 나갔다. 그는 자기희생을 통해 깨달음을 추구하는 신비주의자처럼 산책을 매일의 의식으로 만들 생각이었다. 남극의 혹독한 현실이 그를 산책에 더욱 몰입하게 만드는 것 같았다. 밖에 나갔다 돌아오면서 때로 펭귄 두개골 조각이라든지 작은 돌멩이 같은 물건들을 주워왔다. 그리고 무게가 늘어나는 것도 아랑곳 않고 그것들을 주머니에 넣었다. "우리는 그가 이런 쓰레기들을 갖고 다니는 걸 두고 놀리곤 했죠." 가우는 이렇게 회상했다.

워슬리는 20분가량 산책을 마친 뒤 텐트로 돌아와 침낭에 들어갔다. 그들은 모두, 애덤스의 표현을 빌리자면, "자연의 부름"에 응답해야 하는 경우를 대비해 플라스틱 병을 가까이에 두었다. 잠들기 전에 워슬리는 짧게 일기를 썼는데, 언제나 섀클턴의 다음 글귀로 마무리 지었다. "기도드리오니 성공할 수 있게 해주십시오. 온 마음을 바쳐 바라왔던 일입니다."

8일 만에 그들은 75해리(약 139킬로미터)가 넘는 거리를 걸었다. 로스 빙붕의 규모가 워슬리의 눈에 명확히 들어왔다. 프랑스보다 컸다. 섀클턴은 그곳을 "하얗고 매끄럽고 죽어 있는, 설명하기 힘들 정도로 기괴한 평원"이라고 묘사했다. 워슬리와 대원들은 아무 말도 없이 일렬종대로 걸었다. 들리는 것이라곤 썰매 끄는 소리, 또는 아이팟에서 흘러나오는 소리뿐이었다. 애덤스는 라흐마니노프의 〈저녁기도〉를 즐겨 들었다. 가우는 터벅터벅 걸으며 이따금 랜싱의 《인듀어런스호》 오디오북을 들었다. 워슬리의 플레이리스트에는 브루스 스프링스틴과 시거 세션 밴드가 연주한 〈승리를 향해Eyes on the Prize〉("내 손에는 복음의 쟁기가 들려 있네, 내 여정엔 그 밖에 어떤 것도 필요치 않으니")와 〈이겨내고 말리라We Shall Overcome〉("우리는 두렵지 않아, 우리는 두렵지 않아")가 들어 있었다.

눈에 보이는 게 얼음밖에 없다보니 워슬리는 다양한 얼음 전문가가 되어갔다. 끽끽대는 얼음, 부슬부슬한 얼음, 딱딱한 얼음이 있었다. 때로 바람에 깎여 생성된 융기부도 만났는데, 1미터 정도로 솟은 선들이 지평선까지 평행선을 이루며 뻗어 있었다. (애덤스는 방송에서 세 사람이 얼음 파도를 건너는 방법이 제각각이라고 언급했다. "헨리는 V자로 다리를 벌린 채 오르고, 윌은 융기부와 전쟁을 선포하고, 저는 정면으로 달려듭니다.") 융기부를 지나면 두껍고 질퍽질퍽한 얼음이 나왔다. 가장 다루기 힘든 얼음으로, 이곳을 지날 때면 젖은 모래를 쟁기질하는 것 같은 느낌이 들었다. 맨 앞에서 길을 헤치며 나아가기가 워낙 힘든 곳이라 대원들은 한 시간 간격으로 선두를 교대했다.

그들은 하루에 6,000~8,000칼로리를 태웠다. 그래서 주기적으로 멈춰 간식으로 에너지 음료를 마시고 살라미, 견과류, 초콜릿과 같은 고지방 음식을 먹었다. 그럼에도 체중이 빠지기 시작했다. 긍정적인 생각을 이어가는 것이 매우 중요하다는 것을 알고 있던 위슬리는 가족과 보낸 휴가나 텃밭에 채소를 심었던 일들을 떠올렸다. 그는 낯선 풍경에 무감각해지는 동시에 날카롭게 자아를 인식(근육의 통증 하나하나, 관절 마디 하나하나, 숨결 하나하나, 심장 박동 하나하나)하는 모순에 점차 적응하게 되었다. 힘들긴 하지만 그는 앞장서서 길을 개척하는 것이 좋다고 말했다. 눈앞에 보이는 모든 것이 "무한한 공간"이기 때문이었다.

어느 날 애덤스가 저 멀리 얼음 속에서 비죽 튀어나온 무언가가 눈부신 햇살에 반짝이는 것을 발견했다. "저게 뭐죠?" 그가 물었다.

"모르겠네." 위슬리가 말했다.

가까이 다가간 그들은 그것이 온도와 풍속 같은 데이터를 기록하는 기상 측정 기구라는 것을 깨달았다. 표식을 보니 위스콘신 대학교에서 설치한 것이었다. 그들은 재빨리 발걸음을 옮겼다. 하지만 위슬리는 침범을 당한 것이 분통해 몇 시간 동안이나 씩씩댔다. 그리고 결국 뒤를 돌아 기구가 시야에서 사라진 것을 확인하고서야 안심했다. "우리는 다시 티 하나 없는 깨끗한 캔버스로 돌아갔다."

"함께 붙어 있어요, 절대 흩어지지 말아요."
대원들은 이 말을 주문처럼 새겼다.

폭풍이 난데없이 대원들을 덮쳤다. 기온이 영하 22도로 떨어졌고 찬바람에 휩쓸린 얼음이 유리조각처럼 눈을 찔러댔다. 2008년 11월 28일이었다. 워슬리 팀이 탐험을 시작한지 2주째였다. 몸을 앞으로 숙였지만 바람이 너무 강했다. 워슬리는 일정을 접어야겠다고 결론을 내렸다. 텐트를 펼친 지 얼마 안 돼, 바람이 텐트를 하얀 망각의 세계로 내던졌다. 그들은 아이스 스크루로 텐트 모서리를 고정시킨 뒤 덮개 아랫부분을 묻었다. 그리고 썰매를 바리케이드로 삼았다. 그런 다음 허둥지둥 텐트 안으로 들어가서 벌벌 떨며 함께 몸을 옹송그렸다. 텐트의 나일론천이 덜거덕거렸다.

워슬리는 좌표를 알려주기 위해 ALE 오퍼레이터에 전화를 했다. "폭풍 속에 갇혀서 오늘 일정은 여기서 멈춘다." 그가 말했다.

"바람 소리가 들린다." 오퍼레이터가 답했다.

폭풍은 더 강해졌다. 바람이 시속 80킬로미터로 휭휭 소리를 냈다. 얼음이 텐트 위로 날아다녔다. "마치 우리가 거기 있어서 폭풍우가 뿔이 난 것 같았다." 워슬리는 이렇게 적었다. 다음 날 눈을 떠보니 폭풍이 훨씬 사나워져 있었다. 애덤스는 방송에서 "오늘도 텐트에 갇혔습니다"라고 알렸다. 1912년에 그곳에서 10해리(약 19킬로미터)도 떨어지지 않은 지점에서 로버트 팰컨 스콧 일행이 남극에서 돌아오는 길에 죽었다는 사실을 그들은 알고 있었다. "우리에겐 정신이 번쩍 들게 하는 생각이었지요." 애덤스는 이렇게 덧붙였다.

텐트는 사실상 얼음에 침몰됐다. 씻지 않은 몸과 더러운 양말과 스토브의 열기로 텐트 안은 악취가 진동했다. 워슬리(가우와 애덤스는 장군이라고 불렀다)는 분위기를 가볍게 조성해보려고 애를 썼다. 대원들은 수다를 떨고 책을 읽고 포커를 치며 시간을 보냈다. 그들은 스스로를 '남극 몰트위스키 시음회' 창단 멤버라고 칭했는데, 세칙에 따라 다들 목요일 저녁마다 가우가 가져온 위스키 병을 마시곤 다음 날 아침 두 시간을 더 자곤 했다. 토요일이었지만 대원들은 위스키 병을 돌렸다. 술이 몸을 뜨끈하게 데웠다. 군에서 죽음에 대한 농담을 갈고 닦았던 워슬리가 자신들이 처한 환경에 대해 농담을 했다. 죽음에 대해 농담을 할 수 있다면

> "우리는 다시 티 하나 없는
> 　　　깨끗한 캔버스로 돌아갔다."

아직 삶에 대한 희망이 있는 것이었다. 초기 방송에서 워슬리는 다음과 같이 보고했다. "사기가 높습니다. 막 저녁 식사를 마쳤고요. 윌은 발가락 살을 뜯고 있고, 헨리 애덤스는 일기를 쓰는 중입니다. 내일 또 보고할게요. 그때까지 로스 빙붕에서 인사드립니다."

이틀을 더 그렇게 보낸 뒤에야 폭풍이 잦아들었다. 대원들은 텐트 문을 열고 높이 1.5미터, 두께 1.2미터의 얼음벽을 뚫고서 헤쳐 나가기 시작했다. 한 시간 넘게 눈 벽을 파고서야 탈출한 죄수처럼 눈부신 햇살 아래 설 수 있었다. 그들은 짐을 싸고, 버린 시간을 만회하기 위해 앞으로 나아갔다.

어느 화창한 날, 남극횡단산맥 봉우리들이 시야에 들어

왔다. "높은 꼭대기들이 수평선을 찌르고 있었습니다." 위슬리는 방송에서 이렇게 알렸다. 탐험을 시작한지 4주차인 12월 중순경, 그들은 산맥의 하단부인 로스 빙붕을 거의 주파했다. 지형이 오르막으로 바뀌면서 표면에 길게 갈라진 틈 자국이 나타나기 시작했다. 얼음이 끊임없이 휘저어지면서 만들어진 것들이었다. "이런 모든 장애물들이 의미하는 것은 단 하나, 바로 크레바스의 위협이었다." 위슬리는 이렇게 적었다.

다음 날 위슬리는 위험을 무릅쓰고 산책을 나가 바위 견본 몇 개를 주웠다. 경로를 미리 답사하려는 마음에 몇 시간이고 계속 걷다가, 어느 지점에서 바위 턱에 기어 올라가 남쪽을 바라보았다. 그의 앞에 안개로 뒤덮인 비어드모어 빙하가 우뚝 솟아 있었다. "나는 나의 강적이 무엇을 준비해놓았을지 골몰하며 어둠 속을 빤히 쳐다보았다."

그가 늦게야 텐트로 돌아오자 애덤스가 말했다. "아, 장군, 유감스런 일을 당한 건 아닐까 걱정하기 시작하던 터였어요."

세 사람은 소지품을 챙기고 빙하의 입구로 걸어갔다. 애덤스는 위를 올려다보며 "성서에서 볼 법한 공포"를 마주하고 있다고 느꼈다. 모서리를 돌 때마다 새로운 장애물이 나타나는 것 같았다. 얼음 바위, 얼어붙은 폭포수를 닮은 우뚝 솟은 경사면, 크레바스 위로 걸쳐진 눈으로 된 다리. 워슬리의 표현에 따르면 어떤 크레바스는 "차를 집어삼킬 만큼 넓었다." 겨우 몇 미터 깊이밖에 안 되는 것도 많았지만, 그 정도로도 발목을 삐거나 무릎이 나가기에 충분했다. 대원 중 어느 누가 다친대도 사방 몇 킬로미터 이내로 구조 비행기가 착륙할 장소가 없었다. ALE 의사도 이렇게 경고했다. "어떻게든 거기서 나와야 합니다. 아니면 아예 못 나옵니다."

워슬리는 더 이상 스키로는 전진할 수 없다고 결론을 내리고 부츠에 아이젠을 장착했다. 그런 뒤 등반용 벨트를 착용하고 나사, 슬링, 카라비너를 이중으로 확인했다. 그리고 서로를 줄로 묶었다. 워슬리가 앞장서고, 가우, 애덤스가 뒤를 따랐다. 빙하 위로 조금씩 올라가자 썰매가 대양을 가로지르며 끌려가는 배의 닻처럼 느껴졌다.

고된 하루하루가 천천히 흘러갔다. 길 찾기 담당인 워슬리가 한 발 내딛을 때마다 막대기로 미리 앞을 찔러보며 얼음이 딱딱한지 확인했다. 구멍이 뚫릴 때마다 그는 몸을 앞으로 숙이고 지하 세계를 엿보았다. 어둠 속으로 소용돌이치는 비탈진 경사면이 보였다. "남극은 두 가지 방법으로 목숨을 앗아간다." 그는 말했다. "하나는 굶주림, 추위, 탈진, 때로는 지독한 날씨로 아주 오랫동안 인간을 조금씩 좀먹는 것이다. 반대로 눈 깜짝할 사이 크레바스의 목구멍 속으로 빠트리기도 한다." 한 번은 워슬리가 하루의 등반을 마치고 썰매에서 침낭을 꺼내러 갈 때였다. 오른발을 디디는 순간 얼음이 뻥 뚫렸다. 틈 사이로 다리가 빠졌다. 애덤스가 달려가서 그를 휙 잡아당겼다. 그렇게 탈출할 때마다 워슬리는 "운이 다해가고 있음을 느꼈다."

 곧이어 세 사람은 발아래서 놀라운 것을 발견했다. 푸른색 얼음판이었다. 수천 년에 걸쳐 눈이 빙하 위에 내리며 압축된 까닭에 이런 얼음은 기포가 없이 아주 단단하다. 그 덕분에 파장이 긴 빛을 흡수할 수 있고, 매혹적인 푸른색을 띠게 되는 것이다. 하지만 대원들은 그 아름다움이 속임수임을 금방 깨달았다. "콘크리트처럼 딱딱했습니다." 가우는 이렇게 회상했다. "아니 콘크리트보다 더 딱딱했어요. 얼마나 딱딱한지 설명이 불가능할 정도였습니다."

머지않아 아이젠의 알루미늄 스파이크가 휘고 깨지기 시작했다. 대원들은 반복해서 미끄러지며 얼음에 세게 부딪쳤다. 썰매가 내리막 아래로 그들을 끌어당겼다. "너무나 괴로웠다." 워슬리는 당시 기분을 이렇게 표현했다. "그 끔찍한 얼음 표면 위로 끌려 내려가노라면 얼음의 융기선이 하나하나 느껴졌다." 대원들은 멍투성이에 피를 흘리며 바람을 저주했다. "비어드모어가 우리를 손아귀에 꽉 쥐고 있었다." 워슬리의 말이다.

하루는 빙하 가운데를 가로질러 남쪽으로 향하는 길에 애덤스가 짜증스럽게 말했다. "저는 근본적으로 이 경로에 반대합니다." 그가 빙하 저 멀리를 가리키며 말했다. "저 너머로 갔었어야 해요." 하지만 가우는 코스를 유지해야 한다고 주장했다. 워슬리는 길을 잘못 인도하는 것만큼이나 불화가 생기는 게 두려웠다. 그래서 애덤스에게 근엄하게 말했다. "이봐, 친구. 계속 남쪽으로, 그리고 위로 가야만 하네."

애덤스는 말없이 동의했다. "헨리에겐 조용한 권위가 있었습니다." 애덤스는 이렇게 회상했다. "그는 명쾌하게 결정을 내렸어요. 때론 옳기도 했고, 때론 틀리기도 했습니다. 그저 미로를 걷고 있기 때문에 어떤지 알 수 없었을 뿐이죠. 하지만 우리의 말에 귀 기울이고 우리와 상의하면서 결정을 내렸어요. 그래서 그를 따르기가 훨씬 쉬웠습니다."

등반을 시작한지 9일이 지난 12월 24일, 그들은 빙하 정상에 도착했다. 서쪽으로 애덤스 산맥이 보였다. 헨리 애덤스의 증조부의 이름을 따서 명명한 산맥이었다. 방송에서 워슬리는 다음과 같이 말했다. "오늘은 크리스마스이브입니다. 오늘…… 우리는 비어드모어 빙하와 작별을 고했습니다." 그리고 말을 이었다. "정말 힘들게 노력한 끝에 1킬로미터씩 좁힐 수 있었지요. 그래서인지 매우 보람찬 기분이 듭니다."

크리스마스 아침, 그들은 평소처럼 냉동 건조된 죽 대신에 소시지, 베이컨, 콩으로 된 특별 식사를 마련했다. 그런 다음 시가에 불을 붙이고 크렘 데 멘테를 찻숟가락으로 홀짝이며 섀클턴 일행의 명절 축하의식을 흉내 냈다. 워슬리

비어드모어 빙하를 가로지르며.

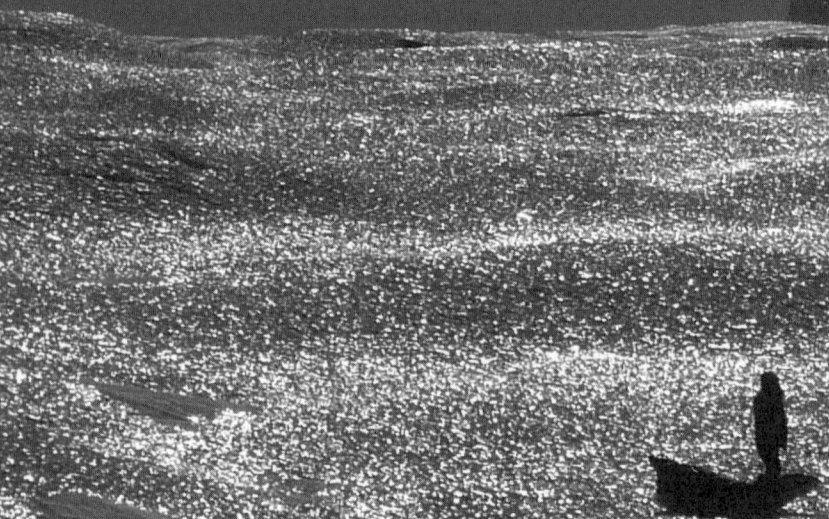

는 집에 전화를 걸어 조애나와 얼리셔와 크리스마스 인사를 나누었다. 스키에 '당신은 최고의 아빠입니다'라고 물감칠을 해준 얼리셔는 화이트 크리스마스를 맞이하는 느낌을 물으며 너무 보고 싶다고 했다. 하지만 여전히 아버지의 부재와 씨름 중이던 맥스는 통화를 거절했다.

그런 다음 워슬리는 아버지에게 전화를 걸었다. 자신이 빙하 꼭대기에 도착했다는 소식을 전하고 싶은 마음에서였다. 하지만 85세의 치매 환자 리처드 워슬리는 아들이 남극에 있다는 사실을 재차 듣고선 이렇게 물었다. "거기서 뭘 하고 있는 게냐?"

다음 날 아침, 탐험 시작일로부터 43일째 되던 날, 워슬리, 애덤스, 가우는 다음 단계에 돌입했다. 그때까지 걸은 거리가 489해리(약 906킬로미터)였다. 그렇지만 2주 뒤인 1월 9일에 섀클턴이 도달한 가장 먼 지점에 도착하려면 하루에 16해리(약 30킬로미터)씩 걸어야했다. 12월 27일 방송에서 워슬리는 섀클턴의 말을 따라 읊었다. "신이시여, 남극으로 가는 저희의 길에 장애물이 없기를 바랍니다."

하지만 그들은 타이탄 돔을 오르면서 최악의 상황을 맞

이했다. 허리케인급의 강풍이 몰아치면서 체감 온도가 영하 60도까지 내려간 것이다. 불을 들이마시는 것처럼 찬 공기가 대원들의 폐를 드나들며 쉭쉭 소리를 냈다. 12월 28일 방송에서 가우는 보고했다. "최악의 화이트아웃을 만났습니다. 눈앞에 보이는 거라곤 스키 끝부분밖에 없습니다."

위슬리는 동료들을 주의 깊게 보았다. 그들이 런던에서 온 젊은 전문직 종사자인지 알아보기 힘들 지경이었다. 피부는 두개골에 걸쳐져 있고 두 눈이 움푹 들어가 있었다. 수염은 무성했고 제멋대로인 머리칼은 얼어서 빛이 났다. 화이트아웃 때문에 애덤스는 멀미를 했다. "나도 움직였고 바닥도 움직였죠"라고 그는 회상했다. "거칠게 요동치는 대양에 던져진 탁구공 속에 갇힌 것 같았습니다." 얼굴에 동상이 걸린 가우는, 그의 표현에 따르면 "정신 줄"을 붙들고 있기 위해서 블루스 음악을 세게 틀었다.

위슬리는 장비를 들어주거나 기운을 받으라고 섀클턴의 나침반을 빌려주는 등 긍정적인 마음을 지키고 대원들을 위로하려고 노력했다. 하지만 12월 31일, 정작 위슬리 자신이 페이스를 유지하지 못해 고통에 몸부림쳤다. 몸에 충

살을 에는 강풍을 피해 텐트에 몸을 숨겼다.

분한 체지방이 없어서였다. "하루가 다르게 피로와 맨주먹으로 개싸움을 벌이는 날들로 변하고 있었다." 그는 일기에 이렇게 썼다. "몸에서 에너지가 흘러나오면 바람이 잽싸게 낚아채 소멸시켰다. 다리를 더 빨리 움직일 수 없었다. 한 걸음 한 걸음이 일정 보폭 이상은 움직이질 않았다. 더 빨리 가는 게 불가능했다. 오히려 점점 늦어졌다."

새해 첫날, 그가 또 뒤처질 때였다. 애덤스가 그를 기다리며 말했다. "장군, 제가 짐을 조금 들어드릴게요."

탐험 첫날 했던 약조에도 불구하고 워슬리가 말했다. "용납할 수 없네. 우리 모두 완전히 지쳤는데 왜 자네가 내 짐을 들어야 하는가?" 그가 우겼다. "내가 길을 찾아보겠네. 내가 해결해야 할 문제야." 그는 장갑 낀 손으로 자신의 관자놀이를 가리키더니 이렇게 덧붙였다. "해답은 여기에 있네."

그도 알았다. 자신이 자존심에 눈이 멀었다는 것을. 후에 기술했듯 그는 "약함을 인정하는 것"처럼 보이기 싫었다. 애덤스의 도움을 받아들이는 대신, 그는 비상식품을 버려서 짐을 몇 그램이라도 줄여보려 했다. 위험한 시도라는 것

> "나는 나의 강적이
> 무엇을 준비해놓았을지
> 골몰하며 어둠 속을
> 빤히 쳐다보았다."

을 알았다. "1월 18일에 남극에 도착한 다음에…… 허기에 시달릴 게 뻔했다."

1월 5일 텐트 안에서 그는 조애나가 준 봉투를 열었다. 쪽지 중 일부는 용기를 북돋우는 글귀였다. 그는 윈스턴 처칠의 인용구를 크게 읽었다. "우리는 우리 운명의 주인이다. 우리 앞에 놓인 임무는 우리 힘이 못 미치는 곳이 아니며, 그로 인한 고통과 노고는 우리가 인내 못할 것이 아니다. 대의명분을 믿고 이기고자 하는 강한 의지를 가지고 있는 한, 승리는 우리에게 찾아올 것이다."

"다시 읽어줘요, 장군." 애덤스가 부탁했다.

워슬리가 글귀를 다시 읽은 뒤 그들은 모두 쓰러졌다.

다음 날 또다시 화이트아웃이 찾아왔고, 애덤스는 심각한 멀미를 겪으며 구토를 하기 시작했다. 워슬리는, 그의 표현에 따르면, "그토록 허하고, 그토록 약하고, 그토록 녹초가 된" 적이 없었으나, 그의 썰매가 미사용한 연료통을 싣고 있어서 더 무거운 것 같으니 자신의 썰매와 바꿔 끌자고 애덤스에게 말했다. 그런 다음 그는 며칠 만에 가장 빠른 페이스로 앞으로 나아갔다. "헨리가 붙든 건 정신력이었습니다." 애덤스는 이렇게 회상했다. 아직 계획한 날짜에 맞춰 156킬로미터 지점을 찍을 기회가 남아 있었다. 하지만 1월 7일, 겨우 이틀을 남겨두고 다시 폭풍이 몰려왔고 그들은 하얀 어둠 속에 갇혔다. 워슬리는 대원들에게 계속 가거나, 폭풍 속에 주저앉거나, 둘 중 하나라고 설명했다. 하지만 폭풍이 잦아들 때까지 기다렸다간 기념일을 놓칠 터였다. "나는 가고 싶네." 워슬리가 말했다. 그러면서 만장일치여야만 가겠다고 강조했다.

"이의 없습니다." 가우가 말했다.

"갑시다아아아!" 애덤스가 외쳤다.

다음 이틀 동안 폭풍이 잦아들었고 그들은 25해리(약 46킬로미터)가 넘게 걸었다. 1월 9일, 그들은 6시간 동안 쏜살같이 질주했다. 그런 뒤 워슬리가 GPS를 꺼내, 그의 표현에 따르면, "조심스레 찻잔을 들고 있는 노인네처럼" 살며시 그러쥐었다. 가우와 애덤스가 초조한 표정으로 올려다보자 워슬리가 GPS를 흔들어댔다. GPS가 위성에 연결되면서 좌표의 불빛이 화면에 들어왔다. 남위 88도 23분, 동경 162도 지점이었다.

"그렇지!" 그가 막대기를 바닥에 던지며 소리쳤다.

"우리가 해냈어요!" 세 사람은 주위를 둘러보며 오랫동안 자신들의 상상을 지배하며 사지로 꾀어낸 그 장소를 훑어보았다. 보이는 건 황량한 얼음뿐이었다. 그들의 성배는 지리적 데이터로 한 점에 지나지 않았다. 애덤스가 훗날 표현한 대로 "남극이 한가운데 올라서고 싶은 새하얀 캔버스가 아니면 뭐란 말인가?"

영하 31도였다. 꾸물거리기에는 너무 추운 날씨였다. 하지만 워슬리는 영국 국기를 꽂고 섀클턴 일행이 찍은 사진과 똑같이 배열을 맞췄다. 애덤스가 증조할아버지의 자리인 맨 왼쪽에 서고, 가우가 가운데에, 워슬리가 섀클턴의 자리인 오른쪽에 섰다.

워슬리는 섀클턴이 100년 전에 맞았던 재난에 대해서 계속 생각했다. 156킬로미터 지점에 도착하기 직전, 섀클턴은 일기에 다음과 같이 적었다. "실패를 생각하긴 이르다. 문제를 합리적으로 바라보고 함께한 이들의 목숨을 생각해야 한다. 더 멀리 갔다간 다시는 이 땅을 밟을 수 없을 것 같은 느낌이 든다. 그러면 모든 결과가 이 세상에서 사라질 것이다." 이어서 이렇게 덧붙였다. "인간은 최선을 다할 뿐이다. 우리는 가장 강한 자연의 힘에 맞서왔다." 그리고 1월 9일, 마침내 후퇴를 결정했다. "우리는 최선을 다했다."

워슬리는 가우와 애덤스에게 말했다. "그들이 방금 전에 밟았던 길을 되돌아가는 모습을 감히 떠올리기도 힘드네."

워슬리 일행은 남극으로 계속 향했다. 하지만 더 이상 섀클턴의 발자취를 쫓는 게 아니었다. 다행히 고도가 낮아지고 식량이 줄어 가벼워진 탓에 썰매가 수월하게 따라왔다. 8일 만에 그들은 92해리(약 170킬로미터)를 걸었다. 이 사실이 섀클턴이 그의 꿈에 얼마나 가까워졌는지를 상기시켜주었다. 그날 밤, 워슬리는 뼈밖에 남지 않은 앙상한 다리를 휘청거리며 산책을 나갔다. 종교는 없었지만 풍경이 그의 마음을 흔들었다. 애덤스의 말처럼 "헨리는 남극의 영혼을 느꼈다."

다음 날 아침, 셋은 텐트를 거두고 남은 5해리(약 9킬로미터)를 다시 행군하기 시작했다. 마침내 멀리서 윤곽이 흐릿한 표지판이 보였다. 미국 과학연구기지인 아문센-스콧 남극 기지를 알리는 표지판이었다. 몇 시간 뒤, 워슬리는 자신의 스키가 스노모빌이 새겨놓은 바퀴자국을 따르고 있음을 알았다. 조금 있으니 얼음 위에 버려진 고장 난 세탁기, 매트리스, 찌그러진 상자가 보였다. 무취의 공기 중으로 튀긴 음식과 석유의 선명한 향이 스며들었다. 때로 군용 비행기가 머리 위로 윙윙거리기도 했다. 워슬리는 당시를 이렇게 설명했다. "우리가 남겨놓고 왔던 세상으로 다시 떠밀려 들어왔다."

연구기지 앞 얼음 위에는 맨 위에 황동 구체가 놓인, 허리 높이의 반짝이는 금속 막대기가 꽂혀 있었다. 기지의 과학자들이 남극, 즉 경도 위의 모든 선들이 한데 합쳐지는

> "인간은 최선을 다할 뿐이다.
> 그리고 우리는 최선을 다했다."

곳, 지구가 회전하지 않는 곳을 알리기 위해 사용하는 표식이었다. 막대기는 매년 몇 미터씩 옮겨졌는데, 움직이는 얼음판 위에서 정확히 극점을 표시하기 위해서였다.

1월 18일 오후 4시 32분. 66일의 여정 끝에 워슬리 일행은, 턱수염에 고드름이 주렁주렁 달린 수척한 모습으로 그 앞에 서서 막대기를 잡았다. 탐험이 종지부를 찍자 워슬리는 눈 아래서 눈물이 어는 것을 느꼈다. 어린 시절 이후로 그런 기쁨과 안도감을 경험해본 것은 처음이었다. 하지만 워슬리(애덤스는 그를 "천생 타고난 리더"라고 불렀다)는 금세 웃고 소리 지르며 일행을 껴안았다. 몇 년 전만 해도 서로를 몰랐던 이들은 어느새 믿고 목숨을 맡기는 동지가 되어 있었다. 무엇보다 워슬리는 섀클턴의 교훈을 고집함으로써

남극에 도착한 애덤스, 워슬리, 가우.

불가능한 도전을 이루어냈다고 믿었다. 인내를 통해 정복한 것이었다. 방송에서 워슬리는 선언했다. "90도, 남극에서 전화합니다!" 그런 다음 그는 섀클턴의 나침반을 꺼내 뚜껑을 열고 바늘 끝이 멈추는 것을 보았다.

"힘과 에너지를 전부 소진한 것 같습니다."

그는 방송에서 고했다.

"하지만 아직 내 속의 의지가

내 심장에, 신경에, 힘줄에 이렇게 말하는 것 같습니다.

계속하라고."

7장 무한한 공간
THE INFINITE BEYOND

워슬리는 다시는 남극에 갈 일이 없을 거라고 생각했다. 그는 즐거운 마음으로 군으로 돌아와 가족과 함께하는 기쁨을 누렸다. 하지만 다시 조금씩 "작은 목소리들의 유혹"을 느끼기 시작했다. 그의 비망록에는 노르웨이 극지방 탐험가 프리드쇼프 난센의 글귀가 적혀 있었는데, 더 큰 고통을 겪고자 하는 그의 충동을 잘 표현한 글로 보인다.

  "왜인가? 위대한 지리적 발견을 위해서? 중요한 과학적 결과를 위해서? 오, 아니다. 그건 나중의 일이다. 그건 소수의 전문가들이 할 일이다. 이건 모두가 이해할 수 있는 것을 위해서다. 자연의 힘과 지배를 극복하는 인간 정신과 힘의 승리를 위해서다. 극도로 단조로운 일상생활 너머로 우리를 고양시키는 행위를 위해서다. 시리도록 푸른 하늘 아래 우뚝 솟은 산맥과 빛나는 평지, 그 크기를 가늠할 수 없는 얼음판으로 뒤덮인 땅을 보기 위해서…… 딱딱하게 굳은 죽음의 왕국에서 살아 있는 것의 승리를 보기 위해서다."

2012년, 워슬리는 새로운 탐험을 기획했다. 남극을 향한 아문센과 스콧 간의 경쟁 100주년을 기리기 위한 것이었다. 결혼을 하고 가족을 꾸린 탓에 참여를 거부한 가우와 애덤스를 대신해 워슬리는 군에서 대원을 모집했다. 그와 파트너인 루 루드는 아문센의 길을 밟으며 스콧의 경로를 밟는 다른 일행과 경쟁했다. 워슬리는 다시 한 번 뛰어난 지휘관임을 입증했다(루드는 그를 "진정으로 영감을 주는 사람"이라고 칭했다). 그들은 1,450킬로미터 경쟁에서 이겼고, 부상병을 돕는 영국 재향 군인회 기금으로 30만 달러에 가까운 성금을 모았다.

워슬리는 남극으로 가는 두 개의 대표적 경로를 밟은 첫

"모두들 꿈을 꾼다.
하지만 그는 나가서
꿈을 이루는 사나이다."

번째 인물이 되었다. 밖에선 "우리 시대의 위대한 남극 탐험가 중 하나"라고 그를 칭송했다. 한 기자는 그를 "가능성을 개척하는 선구자"라고 묘사하기도 했다. 《섀클턴의 발자취를 찾아서》를 막 펴낸 워슬리는 보기 드물게 자신의 삶을 통해 스승의 가르침을 긍정하는 주창자가 되어 탐험과 리더십에 대한 강의를 하고 다녔다.

2013년, 그는 워싱턴 D.C.에 있는 미국 특수부대에 영국 측 연락 담당자로 배치되었다. 마지막 파견 근무였다. 군에 복무한 지 36년이 넘어가는 2015년 10월이 되면, 그는 법이 정한 은퇴 연령인 55세가 될 터였다. 조애나가 미국행에 동반했다. 그녀는 그의 마음이 흔들리고 있음을 느꼈다.

워슬리가 두 번째 탐험에서 얼음에 새긴 메시지.

"다시 탐험을 할 거예요?" 그녀가 물었다.

워슬리는 섀클턴의 인듀어런스호 탐험 100주년이 자신의 은퇴 시기와 우연히도 겹친다며 섀클턴이 배가 침몰하기 전에 계획했던 것처럼 남극 횡단을 시도해볼까 고려 중이라고 답했다. 더군다나 그는 900해리(약 1,667킬로미터)의 여정을 혼자서, 어떤 도움도 받지 않고 완수하길 원했다. 누구도 해본 적 없는 시도를 해보고 싶었다. 남극에서 과학 연구를 수행하는 전직 영국 남극 조사대의 기지 사령관 폴 로스는 그의 시도를 "들어본 적 없는" 탐험이라고 불렀다. 또 다른 탐험가 역시 "거의 초인적인 도전"이라고 여겼다. 워슬리에게 있어 그 탐험은 자신의 에너지를 전부 쏟아부어 정점을 찍는 일이었다. 가장 길고 가장 고되면서 가장 살인적인 여정일 뿐 아니라 온전히 혼자만의 기지로 살아남아야 하는 일이었다.

하지만 워슬리는 조애나에게 그녀의 동의하에서만 남극으로 돌아가겠다고 말했다. 그는 탐험을 하느라 가족을 희생시켰다는 점이 몹시 신경쓰였다. 때로는 부러 억누르고 꼭꼭 숨겨온 심란한 마음을 표현하려고 몸부림치기도 했다. 그의 책에는 가족을 염두에 두고 기록한 글귀가 있는데, 직접 표현하지 못한 자신의 마음을 이런 식으로 전달했다. "지금 와서 돌아보니, 나는 진짜 우선순위를 따르지 않았다. 이제야 시간을 현명하게 분배하지 못했음을, 가족들이 내게 소중하고 특별한 존재라는 것을 느끼게 하지 못했음을 알겠다." 그리고 이렇게 말을 이었다. "무언가에 대한 열정은 자칫 잘못하면 집착으로 이어져 위험하다. 특히 그로 인해 영향을 받는 사람이 언제나 묵묵히 '그곳에 서서 기다리는' 사람들이라면 더욱 그렇다."

남극이 남편의 "애인"이라며 농담하곤 하던 조애나는 그가 은퇴만 하면 더 이상 헤어질 일이 없을 거라 기대했다. 그럼에도 그의 열망을 가로막으려 한 적은 없었다. "나는 남편이 어디를 가든 축복했지요." 언젠가 그녀가 기자에게 한 말이다. 그녀는 남편이 말한 그 여행이 그에게 얼마나 큰 의미를 지니는지 이해했다. 게다가 워슬리는 단지 자신만을 위해 그 일을 하는 것이 아니었다. 그는 부상병을 위한 또 다른 자선단체인 인데버 펀드를 위해 10만 달러의 기금을 모으고 싶어 했다. 그도 이렇게 말한 바 있었다. "나

그는 당장 해야 할
일에 집중했다.

"조금씩, 야금야금 깎아먹는 겁니다.
순간에 집중하면서 말이에요."

는 부상당한 나의 전우들에게 금전적 유산을 남겨주고 싶다." 결국 그녀는 워슬리를 지지했다. 아이들 역시 똑같이 힘이 되어 주었다. 탐험을 시작할 때 스물한 살이 된 맥스는 남프랑스에서 배를 만드는 것을 도왔다. 그는 마침내 아버지의 모험가 정신을 받아들이게 되었고, 심지어 그를 추켜세우기까지 했다. 그들은 훗날 극지방을 함께 여행하자는 이야기를 나누었다. "모두들 꿈을 꾸지만, 아버지는 나가서 꿈을 이루는 사나이예요." 맥스의 말이다.

2015년 가을, 탐험을 떠나기 직전, 헨리와 조애나는 그리스로 여행을 떠났다. 그들은 고대 유적지를 둘러보고 펍에서 포도주를 마시면서, 그가 돌아오면 같이 할 일에 대해 구상했다. 그들은 함께 인도로 가서 불우한 아이들을 가르치고 베니스로 여행을 갈 생각이었다. 거기서 그는 예술을 공부하고 그녀는 자선활동을 하고자 했다. 맥스는 이렇게 회상했다. "25년 동안 엄마는 아빠가 군대를 전역하고 이런 것들을 함께 할 순간만을 기다렸습니다."

워슬리가 떠나는 길은 더 이상 조용하지 않았다. 그의 계획은 수많은 찬사를 받으며 일간지를 장식했다. 《글래스고 해럴드》가 "용감무쌍한 퇴역 군인, 남극 탐험을 떠나다"고 기사를 냈다. 《워싱턴 포스트》는 워슬리가 "가장 추운 대륙을 혼자 건넌다"고 대서특필했다. 《내셔널 지오그래픽》과 BBC도 인터뷰를 요청했다. BBC 아나운서가 말했다. "그런 일을 구상하다니 미친 게 틀림없군요." 섀클턴이 떠나기 전 조지 5세가 깃발을 주었던 것처럼, 윌리엄 왕자가 켄싱턴 궁으로 워슬리를 초대해서 탐험길에 가져가라며 유니언잭에 사인을 해주었다.

10월 20일, 조애나가 그를 히스로 공항으로 데려다주었다. 그의 나이와 무지원 탐험이라는 조건 때문에 그녀는 그

어느 때보다 이번 탐험이 걱정되었다. 위슬리 역시 웹사이트에 올린 비디오에서 혼자 탐험하는 것이 얼마나 위험한지 언급한 적이 있었다. 그에 따르면 가장 큰 위협은 크레바스 사이로 추락하는 것이었다. 누구도 그를 끄집어내주거나 대신 도움을 요청해줄 수 없었다. 또 다른 위험은 "심각한 부상"과 "악천후"였다. 하지만 꼼꼼히 준비하면 그런 위험들을 줄일 수 있을 것이라고 그는 믿었다. 홀로 여행하면서 그는 이렇게 말했다. "생각을 나누고 조언을 구할 사람이 아무도 없다. 하지만 혼자 힘으로 해내고자 한다." 시간이 지나선 훨씬 단호한 태도를 보였다. "이번 탐험에서 성공하느냐 실패하느냐는 오롯이 나에게 달려 있다."

터미널에서 조애나는 감정을 주체하지 못했다. 그는 항상 그녀에게 되풀이하던 말을 반복했다. "살아 있는 당나귀가 죽은 사자보다 나은 법이야." 그러고는 입을 맞추며 말했다. "그러니 앞으로!"

이번 경로는 칠레의 남쪽, 남극의 대서양 앞바다에 위치한, 얼음 덩어리로 둘러싸인 버크너섬에서 시작되었다. 거

매일 아침 그는 맑은 하늘을 고대하며
밖을 엿보았다.
하지만 결국 보이는 건
"더욱 심해진 새하얀 어둠"뿐이었다.

기서 남극까지 570해리(약 1,056킬로미터)를 걷는 계획이었다. 그런 다음 타이탄 돔을 올라가 로스 빙붕의 가장자리까지 내려간 뒤 태평양 쪽으로 향하는 경로로, 가우와 애덤스와 함께 걸었던 길을 반대로 걷는 것이었다. 이 두 번째 부분의 거리가 360해리(약 667킬로미터)였다. 그는 탐험에 약 80일이 걸릴 것이라고 예상했다. 겨울에 접어들어 구조 비행기가 착륙하기 굉장히 위험해지는 2월이 되기 전에 끝낼 작정이었다. 심지어 겨울에는 ALE조차 문을 닫았다. 그렇게 되면 밖으로 나올 길이 없었다.

워슬리는 10월 21일 푼타아레나스에 도착하자마자 남극으로 날아가고 싶었다. 하지만 지독한 날씨가, 그의 표현대로라면, "우리의 주인이자 지배자"께서 ALE의 비행기를 일주일로도 모자라 또 한 주 연기하도록 만들었다. "인내심 훈련캠프에서 인사 보냅니다." 그는 방송에서 이렇게 보고했다. "불행히도, 여긴 칠레의 인내심 훈련캠프입니다."

그가 버크너섬에 도착했을 때는 원래 일정보다 상당히 늦은 11월 13일이었다. 2016년 1월 1일에 남극에 도착하려면 엄청난 속도로 걸어야 했다. 비행기에서 내리고 얼마 안 있어 그는 썰매를 꾸렸다. 여정이 길어 무게가 147킬로그램이나 나갔다. 가우와 애덤스와 함께 탐험을 할 때보다 더 무거웠다. "무게 때문에 정말 걱정된다"라고 여행을 떠나기 전 일기에도 쓴 바 있다. "불안감이 고조되고 있다"면서 그는 스스로에게 "부정적인 생각들을 떨쳐버리라"고 일깨웠다.

스키를 밀며 앞으로 나아가자 익숙한 심포니가 들렸다. 막대기가 얼음을 뽀드득 누르는 소리, 썰매가 얼음마루 위를 끽끽대며 나가는 소리, 스키가 앞뒤로 쌩하니 움직이는 소리. 잠시 걸음을 멈추자, 그 어떤 것과도 비교할 수 없는 버크너섬이 위치한 웨들해. 워슬리는 이곳에서 단독 탐험을 시작했다.

침묵이 그를 반겨주었다. 금세 의심이 사라졌다. 처음 몇 걸음을 밟은 뒤, 그는 캠프를 세웠다. 햇빛이 빛나고 기온은 훈훈했다. 영하 7도였다. "다시 돌아와서 너무너무 행복하다." 그는 일기를 썼다. "앞으로 험난한 날들이 숱하게 닥치겠지만 그래도 출발은 눈부시게 아름답다. 시작하자마자 정신이 고양되었다. '할 수 있겠다'는 생각이 들었다." 방송에서 그는 남극을 "지금 현재 지구상에서 최고의 장소"라고 설명했다.

다음 날 아침, 그는 자칭 "꽉 찬 첫날"을 시작했다. 그는 데이비드 보위, 조니 캐시, 미트 로프의 노래를 듣고, 돌아가면 강연에서 이 탐험에 대해 무슨 얘기를 들려줄지 곰곰이 생각하면서 여덟 시간을 걸었다. 넉넉잡아 10해리(약 19킬로미터)를 걸었는데도 몸에 굉장히 무리가 갔다. "처음 며칠은 정말 지옥이다⋯⋯ 그걸 절대 잊지 말자." 그는 이렇게 적었다. 거리에만 초점을 맞추면 절대 해내지 못할 것 같았다. 그래서 그는 당장 해야 할 일에 집중했다. "조금씩, 야금야금 깎아먹는 겁니다. 순간에 집중하면서 말이에요." 후에 방송에서도 이렇게 말했다.

세 번째 날, 경도 81도를 가로지른 뒤, 그는 1인 몰트위스키 시음회 회합을 마련하고는 눈으로 차갑게 만든 위스키 한 잔을 들이켰다. 점점 더 많은 사람들이 자신의 방송을 듣고 있음을 알았다. 그중엔 어린 친구들(그는 이 친구들을 "젊은 탐험가들"이라고 불렀다)도 있었다. 녹초가 된 것도 아랑곳 않고 그는 매일 밤 방송을 업데이트하고 질문에 답했다. 동물을 본 적이 있나요("안타깝게도 없습니다"), 가장 좋아하는 냉동 식사는 어떤 건가요(볼로네즈 스파게티), 하루 중 가장 싫어하는 시간은 언제인가요(아침에 출발 준비할 때), 가장 좋아하는 시간은 언제인가요(오랜 행군을 마치고 텐트로 기어들어갈 때) 같은 것들이었다. 그의 모험을 소재로 영화를 만든다면 어떤 배우가 그의 역할을 맡았으면 좋겠냐는 질문도 있었다. 그는 자신의 대답이 "심한 자만심의 발로"임을 인정하면서 젊은 시절은 맷 데이먼, 노년 시절은 안소니 홉킨스였으면 좋겠다고 답했다. 심지어 어떻게 화장실에 가는지에 대해서도 답했다. "소변을 누고 싶으면 바람을 등진 채 지퍼를 내리고 볼일을 봅니다." 그가 설명했다. "그건 큰 문제가 아닙니다. 하지만 큰일을 보고 싶으면 좀 더

"더 이상은 갈 수 없다⋯.
그럴 힘이 없다."

그러고는 다음 날 일어나
다시 길을 떠났다.

체계적일 필요가 있지요. 바람이 강하게 불 때 특히 그렇습니다. 그리고 보통은 바람이 강하게 불지요. 이럴 땐 바람을 맞고 섭니다. 그리고 겉바지, 내복, 속옷을 잘 잡았는지 확인하고 최대한 빨리 한꺼번에 내립니다." 어느 날 저녁엔 몇 가지 질문에 답하더니, "완벽한 화이트아웃" 속 "어딘가"에 갇혔다고 말하며 장난삼아 방송을 종료하기도 했다.

첫 번째 주가 끝날 무렵까지 그는 약 70해리(약 130킬로미터)를 걸었다. 그는 몸이 보기 좋게 늘씬해졌다고 청취자들에게 보고했다. 식사로 뜨끈한 치킨 카차토레를 먹고 디저트로 라이스푸딩까지 막 먹은 뒤였다. "이제 침낭으로 들어

갑니다." 그가 말했다.

섀클턴의 인듀어런스 탐험대가 그랬던 것처럼, 그러다 모든 것이 잘못되기 시작했다. 탐험을 시작한지 일주일이 조금 지난 11월 22일, 그는 화이트아웃에 휩싸여 텐트 속에 꼼짝없이 갇혔다. "제대로 된 남극 폭풍우다!" 그는 앞으로 나갈 수 없다고 일기를 썼다. 다음 날 아침엔 작은 개가 날아갈 만큼 돌풍이 거셌다. 그는 부러진 텐트 막대를 고쳤다. "이곳을 지배하는 자가 누군지 알려주는 유익한 시간이었다." 그는 그날의 컨디션을 이렇게 표현했다. "무단침입자는 벌을 받기 마련이다."

11월 24일, 그는 눈 속으로 나와 얼음 먼지를 뚫고 나아갔다. 몇 시간을 걷고 또 걸어도 눈에 보이는 건 그의 가슴팍에 연결된 나침반과 규칙적인 리듬으로 움직이는 자신의 스키뿐이었다. 그의 설명에 따르면 "비참하고, 지루하고, 단색만 존재하는 단조로운" 경험이었다. 11월 25일엔 남극횡단산맥을 오르다가 수백 미터나 솟은 가파른 얼음 경사면과 맞닥뜨렸다. 아이젠을 신고 경사를 오르려 했지만 썰매가 꿈쩍도 하지 않았다. 애쓰고, 또 애써보았지만 요지부동이었다.

계속 움직이지 않으면 몸이 얼 터였다. 그는 썰매를 가볍게 만들기로 하고, 식량 가방을 꺼내서 평평한 얼음 위에 쌓았다. 그런 다음 경사를 오르기 시작했다. 산마루 정상에 오른 그는 페이스 마스크 뒤에서 거칠게 숨을 몰아쉬며 끌고 온 것들을 잠시 그 자리에 두었다. 그리고 잠깐의 휴식을 취한 뒤, 두고 온 것들을 회수하기 위해 다시 경사면을 내려갔다. 그렇게 오고 가고를 몇 번이나 반복했다.

한 번은 시야가 나빠서 크레바스 자국을 눈치 못 채고 틈새로 발이 쑥 빠졌다. 구멍이 점점 커지며 그 속으로 미끄러져 들어가는 것이 느껴졌다. 그는 가장자리를 잡고 깊은 구렁 위에 매달려 대롱거리다가 간신히 위로 올라왔다. 그 날 일기에 따르면 그는 깊은 구멍을 쳐다보며 "난데없이 매우 외롭고, 약하고, 두렵다는 생각이 들었다."

그의 몸은 이전 탐험 때보다 급속도로 빠르게 쇠약해졌다. 썰매도 더 무거웠을 뿐 아니라, 끊임없이 길을 개척해야 했으며, 매일 밤 캠프를 치고 아침에 짐을 싸는 고된 업무도 혼자서 해내야 했다.

11월 30일, 약 3주에 걸쳐 165해리(약 306킬로미터)를 걸었을 때쯤, 그는 "어깨가 쑤시고, 허리가 아프고, 코는 콧물 범벅이고…… 찬 공기 때문에 기침이 나옵니다"라고 알려왔다. 사타구니에 발진도 생겼다. 발은 멍투성이에 물집으로 가득했다. 신발 안감을 부드럽게 해서 고통을 덜어볼 요량으로 부츠에 칼을 대기도 했다. 하루는 원인을 알 수 없는 복통에 시달렸는데, 허리춤에서 잡아당기는 썰매 벨트 때문에 복통이 더욱 심해졌다.

방송에선 보통 경쾌한 톤을 유지했지만, 일기에는 그의 절망이 고스란히 묻어났다. "이건 피로와의 육체적 전쟁이다. 숨을 돌리기 위해, 아니 그저 전력을 다해 다음 걸음을 걷기 위해 말 그대로 1분마다 멈추었다." 다시 화이트아웃을 겪고 두 밤이 지난 뒤, 그는 힘이 달려서 폭풍을 "뚫고 썰매를 끌" 수 없었다고 탄식했다. 그의 일기에는 장황한 고통의 글귀가 난무했다. "고된 날이다." "너무 힘든 하루다." "무자비한 하루다." "끔찍한 날이다……. 완벽한 화이트아웃 속에서 버둥거렸다." "또다시 끔찍한 하루다……. 어제보다 심하다." "거센 조수와 맞서며 수영하는 기분이다." "아직도 조수에 맞서 수영하는 중이다." "기진맥진한데다 사기가 바닥이다." 매일 아침 그는 맑은 하늘을 고대하며 텐트 덮개를 열어 밖을 엿보았다. 하지만 결국 보이는 건 "더욱 심해진 새하얀 어둠"뿐이었다. 때로는 그의 표현처럼 "고형 크림만큼 걸쭉한" 자욱한 어둠 때문에 스키 끝부분도 식별할 수 없었다.

12월 1일, 그는 자칭 "모든 폭풍의 어머니"가 들이치는 곳을 향해 행군했다. 빗발치는 얼음 알갱이를 피해 고개를 푹 숙인 채 언덕 위를 느릿느릿 올라가니 한 시간에 1.5킬로미터도 채 이동하지 못했다. 그렇게 몇 시간을 걷다 그는 불현듯 걸음을 멈추었다. "다운재킷을 걸친 채로 썰매 위에 웅크리고 앉아서 계속 가야 할지 멈춰야 할지 고민했다." 그는 그때를 이렇게 회상했다. 바람이 너무 불어서 텐트를 칠 수 있을지도 알 수 없었다. 그래서 다시 걷기 시작했다. "양손이 얼얼해서 가끔씩 멈춰 따뜻하게 데워야 했다"고 그는 말했다. "게다가 햇빛이 너무 무미건조해서 방향 감각에 혼란이 생겼다. 그 바람에 두 번이나 걸음을 멈추자마자 쓰러졌다."

"그냥 받아들이고
계속 움직일 수밖에 없다."

 다음 날 산등성이 너머로 무모하게 스키를 모는 바람에 썰매가 그를 덮쳐서 넘어뜨렸다. 머리, 등, 다리가 얼음에 세게 부딪쳤다. 썰매가 두 바퀴나 구르면서 그를 18미터나 끌고 내려갔다. 그는 저주를 퍼부으며 얼음 위에 철퍼덕 누웠다. 두 발로 일어선 그는 불안한 마음으로 연료통을 확인했다. 하나라도 금이 가면 끝장이었겠지만 깨진 건 없었다. 그는 시간이 흘러가는 것을 의식해 엉킨 벨트를 푼 뒤 다시 출발했다.

 놀랍게도 그 모든 장애물과 재난에도 불구하고 그는 1월 1일에 남극에 도착하기 위해 탐험을 이어나갔다. 무엇도 그를 막을 수 없었다. 어느 날 아침엔 컨디션이 너무 엉망이라 출발하는 건 "미친 짓"이라 인정하면서도 쉬지 않고 걸었다. 또 어떨 땐 일기에 이렇게 쓰기도 했다. "더 이상은 갈 수 없다……. 그럴 힘이 없다." 그러고는 다음 날 일어나 다시 길을 떠났다. 12월 18일, 36일째 되던 날엔 17해리(약 31킬로미터) 이상을 걸었다. 열다섯 시간이나 걸린 엄청난 거리였다. 또다시 살인적인 하루(그는 이날을 "먹고, 숙이고, 몰고, 묶고, 밀고, 힘주고, 힘을 소진하고, 욕하고, 멈추고, 좌절하기를 섞어놓은" 하루였다고 설명했다)를 보내고 그는 스스로에게 말했다. "그냥 받아들이고 계속 움직일 수밖에 없다."

그의 존재가 집중해온 목표는 오직 하나였다. 바로 주행 거리를 확보하는 것. 융기부에 도착하자, 그가 자신에게 명령을 내렸다. "공격, 공격, 공격." 그렇게 전투를 치르고 나면 그는 "길목을 가로막는 불운한 성벽"을 습격했다고 자랑스레 일기에 썼다. 그리고 이렇게 덧붙였다. "썰매는 이젠 짐이 아니라 공성 망치다. 썰매로 길목에 놓인 모든 것을 박살냈다." 청취자들이 어떻게 버텨냈냐고 묻자 육체적인 기량보다는 "정신과 의지가 얼마나 강한지"가 더 중요하다며, "헬스장에서 몇 시간 동안 운동을 한다고 준비할 수 있는 게 아니"라고 말하기도 했다.

 두 극점을 완주한 경험이 있는 영국의 모험가 로버트 스완이 워슬리의 탐험을 모니터링하며 매일의 진척 상황에 경의를 표했다. 12월 5일 스완은 워슬리의 웹사이트에 다음과 같은 녹음 메시지를 올렸다. "그의 성적은 환상적입니다. 뜻밖의 상황들을 여럿 만났지만 헨리이기 때문에 결판이 날 때까지 싸워내고 있어요." 그달 후반에 올린 두 번째 메시지에서는 워슬리가 앞에 신호등이 깜빡거리듯 전진하고 있다고 설명했다.

 "마음속에 초록빛이 보일 때는 아주 드물어요. 이유는 단순하죠. 초록빛을 본다는 건 온힘을 다해 밀어붙이지 않는 것이기 때문입니다……. 이땐 머릿속으로 발, 다리, 종아리, 엉덩이, 팔, 목, 어깨가 괜찮은지 계속해서 확인하게 되죠……. 헨리의 말대로 그는 매일 마지막 몇 시간을 진군할 때면 빨간불에 맞닥뜨립니다. 하지만 빨간불은 계속 머물 만한 장소가 아니에요. 빨간불을 만나면 육체가 스스로 갉아먹기 시작하는 탓이죠. 동상에 걸릴 위험도 훨씬 높고요. 그러니 오렌지색 가장자리에 머물다가 가끔씩 빨간색으로 들어가고, 눈치 봐서 다시 빨간색에서 물러나 오렌지색으로 돌아옵니다. 그리고 바라건대 침낭 속에 들어가 우리에게 말을 걸죠. 알겠지만 이땐 초록색으로 돌아온 겁니다."

크리스마스 무렵, 워슬리는 남극까지 100해리(약 185킬로미터) 내에 도착했다. 윌리엄 왕자가 방송으로 메시지를 보냈다. "크리스마스에 우리는 그 많은 장비를 끌고 남극 남대서양 쪽의 경사와 언덕을 오르내리고 있을 당신을 생각하고 있습니다." 워슬리는 조애나와 아이들이 선물로 준 꾸러미를 풀어보았다. 그 안엔 미니어처 크기의 크리스마스 전통 음식, 민스미트 파이와 과일케이크가 들어 있었다. 얼리셔의 쪽지엔 〈정글북〉의 노래 가사가 적혀 있었다. "필요한 것들을 찾아봐/ 간단하게 필요한 것들을/ 걱정과 다툼은 다 잊어버리고" 조애나가 준 건 '아무아주 저니 맨' 향수 샘플이었다. "그때쯤이면 텐트 속 냄새가 지독할 거라고 생각했거든요." 그녀는 이렇게 회상했다.

워슬리는 방송에서 말했다. "가족들이 준 꾸러미는 세상 어디서든 특별한 의미를 지닙니다. 특히 이런 시기엔 더 그렇죠. 저도 오늘 아침이 이보다 더 특별할 순 없군요."

그는 위성 전화기를 이용해 런던에 있는 조애나와 얼리셔에게, 그런 뒤 프랑스에 있는 맥스에게 전화를 걸었다. 워슬리는 탐험 내내 가족과 나눈 통화 내용을 사실상 전부 일기에 기록했다. 한 번은 조애나와 통화한 뒤 이렇게 적었다. "그녀를 정말 너무나 사랑한다." 얼리셔에게서 "계속 아빠 생각을 하고 있어요. 아주 많이 사랑해요"라는 문자를 받은 뒤에는 이렇게 썼다. "슈림프에게서 다정한 문자가 왔다." 슈림프는 딸의 애칭이었다. 어느 날 아침엔 맥스와 대화를 하고는 맥스가 "내 정신을 고양시켜주었다"고 적기도 했다. 크리스마스에는 이렇게 남겼다. "가족의 목소리를 들어서 좋았다."

명절임에도 불구하고 워슬리는 12해리(약 22킬로미터)를 행군했다. 그날 밤 그는 텐트에 누워 시가에 불을 붙이고 텐트를 가득 채운 달콤한 연기 속에서 크리스마스 과자를 먹었다. 그의 표현에 따르면 "작은 천국" 같은 순간이었다.

곧 그는 남극의 고도에 해당하는 2,700미터에 다다랐다. 어찌나 피곤했던지 한 번은 체감온도 영하 22도에 간식을 먹으려고 썰매에 앉은 채로 꾸벅꾸벅 졸았다. "힘과 에너지

> "분투하고,
> 추구하고,
> 발견하고,
> 절대 굴하지 않으리니."

를 전부 소진한 것 같습니다." 그는 방송에서 고했다. "하지만 아직 내 속의 의지가 내 심장에 신경에 힘줄에 이렇게 말하는 것 같습니다. 계속하라고." 그는 계속 자신에게 말했다. "목표에서 눈을 떼지 말라."

1월 2일, 계획보다 겨우 하루 늦게, 그는 극점에 도착했다. 과학연구기지의 지지자들이 그를 반겨주었다. 51일 만에 처음으로 만나는 사람들이었다. 하지만 탐험의 절정에 도달한 건 아니었다. 겨우 1단계가 막을 내렸을 뿐이었다. 무지원 횡단을 시도하는 중이었기 때문에 기지로 들어가서 뜨거운 식사를 하거나 목욕을 할 수도 없었다. "여기까지 도착해서 멈추지 않고 가려니 이상했다." 그는 일기에 이렇게 적었다. "기지에 머물고 싶은 마음이 간절했다. 밥을 먹고 눈을 붙이고 싶었다." 하지만 그는 평소대로 캠프를 치고 스스로 부여한 추방 명령을 지켰다.

그는 방송을 통해 청취자들에게 말했다. "여기까지 온 것은 저를 성원해주신 여러분 모두의 덕분입니다. 그 많던 힘든 나날을 버틸 수 있도록 얼마나 큰 자극이 되었는지 아무리 강조해도 지나치지 않습니다. 하지만 가장 고마운 사람은 조애나, 맥스, 얼리셔입니다." 그의 목소리가 잠겼다. "그들은 따뜻한 손으로 내 등허리를 받쳐주며 매 걸음마다 나와 함께해주었습니다. 내가 우울할 땐 기분을 북돋아주고, 약할 땐 힘을 주고, 공허할 땐 채워주었습니다. 이 모든 것이 그들 덕분입니다." 그러면서 이렇게 말을 마쳤다. "지구의 회전축인 남극에서 보냅니다. 잘 자요."

런던에 있던 조애나는 매일 잠들기 전 방송을 들었다. 크리스마스 직전에 가진 《데일리 익스프레스》와의 인터뷰에서 그녀는 다음과 같이 말했다. "헨리가 군에 있으면서 워낙 해외로 많이 파견된지라 우리는 떨어져 있는 것에 익숙합니다……. 하지만 지금은 그가 너무나 그립네요. 얼마나 쇠하고 있는지 알기에 너무 걱정됩니다. 몸무게도 엄청나게 빠졌고 악천후 때문에 고생도 정말 심해요." 그녀는 말을 이었다. "그는 의지가 굳은 사람입니다. 무슨 일이 있어도 성공할 거라 생각해요. 밤낮 구분 없이 걸어야 한다고 해도 해낼 거예요. 어마어마한 정신력을 지녔거든요." 그녀는 감정을 주체하지 못했다. "그는 대단한 남자예요. 그런 남자와 결혼했다니 정말 멋지지 않나요?"

워슬리의 추측대로라면 탐험을 완수하는 데 약 3주가 더 걸릴 예정이었다. 그는 가장 힘든 고비는 넘어갔기를 바랐다. 일기에도 이렇게 적었다. "남쪽으로 가는 길은 훨씬 쉽기를 기도한다." 하지만 타이탄 돔을 오르면서 그는 "살인적인" 오르막길을 만났다. 몸무게가 18킬로그램 넘게 빠져서 더러운 옷가지가 몸에 무겁게 걸쳐져 있었다. 그는 "여전히 심히 약하다. 다리는 꼬챙이처럼 가늘고 팔은 보잘것없다"고 일기를 썼다. 두 눈은 움푹 들어가 퀭했다. 손가락은 감각이 사라지고 있었다. 아킬레스건이 부어올랐다. 엉덩이는 쉬지 않고 벨트에 쓸려 긁히고 헐었다. 꽁꽁 언 단백질 바를 씹다가 앞니가 하나 부러지자 그는 ALE와 통화하며 자신이 해적처럼 보인다고 말했다. 높은 고도 때문에 어지러웠고 치질 때문에 항문에서 피도 났다.

1월 7일, 그가 한밤중에 또다시 복통으로 깼다. "상태가 너무 엉망입니다." 그는 방송에 이렇게 인정했다. "전 탐험을 통틀어서 최고로 약한 때인 것 같군요." 아이팟 이어폰이 고장 나는 바람에 그는 침묵 속에 남겨졌다. "혼자라는 기분이 듭니다." 그가 방송에서 고백했다. "가끔은 그날 하루에 대해 이야기를 나눌 누군가가 있으면 좋겠습니다."

그는 곧 타이탄 돔에 도착할 거라고 계속 생각했다. "예정된 '내리막길'이 현실화되면 괜찮아질 것이다." 하지만 정상은 아무리 해도 나타나지 않았다. 그는 영원한 무한 속에 갇혔다. 1월 11일, 그가 청취자들에게 말했다. "얼른 내려가고 싶은 마음이 간절합니다. 숨을 제대로 쉴 수 있을 만큼 진한 공기를 들이켜고 싶어요."

방송을 듣는 조애나는 점점 불안해졌다. "그의 목소리에서 피로와 슬픔이 간절히 느껴졌다"고 그녀는 회상했다. 그

"혼자라는 기분이 듭니다."
워슬리가 방송에서 속내를 털어놓았다.

의 곁엔 그가 빨간불에 너무 오랫동안 머물렀다고 말해줄 동료가 없었다. 게다가 자신의 행동이 타인의 생명을 위험에 빠트릴 수 있다는 걱정에 뒷걸음질 칠 필요도 없었다. 그에겐 언제나 해왔던 대로, 불굴의 의지로 승리할 수 있을 거라는 자신감이 있었다. 그의 비망록에는 그가 언젠가 새겨놓은 사이클 선수 랜스 암스트롱의 글귀가 적혀 있었다. "지는 것과 죽는 것은 같은 것이다."

그렇게 워슬리는 테니슨의 시 〈율리시스〉의 한 구절을 중얼거리며 앞으로 나아갔다. "분투하고, 추구하고, 발견하고, 절대 굴하지 않으리니." 한 번은 하늘을 올려다보니 꽁꽁 언 고글 사이로 눈부신 해무리가 보였다. 원의 가장자리에서 빛이 강렬하게 분출하는 모습이 마치 태양이 활활 타오르는 세 개의 공으로 쪼개지고 있는 것 같았다. 햇빛이 얼음 입자로 된 막을 뚫고 굴절되면서 생긴 현상이라는 건 알았다. 하지만 그는 허공을 통과해 앞으로 비틀비틀 나아가면서 그 빛이 섀클턴이 말했던 "제4의 대원"처럼 자신을 안내하는 어떤 영혼이 아닐까 생각했다. 어쩌면 워슬리 역시 "껍데기의 겉치장"을 뚫은 것일 수도, 아니면 그저 정신이 흐트러지기 시작한 것일 수도 있었다. 그의 일기는 초췌하고 어두워져갔다.

"숨이 너무 가쁘다……. 내가 점점 희미해지고 있다……. 손도 손가락도 영원히 멈춘 것 같다……. 얼마나 버틸 수 있을지 모르겠다."

1월 17일, 그는 16시간 동안 화이트아웃을 뚫고 썰매를 끌며 휘청휘청 나아갔다. 걸음을 멈추었을 땐 늦은 밤이었다. 그는 다시 캠프를 짓기 위해 분투했다. 얼음에 텐트 막대기를 꽂고, 식량을 풀고, 조리도구에 불을 지피고, 물을 만들기 위해 눈을 녹였다. "지금은 새벽 1시입니다." 그가 방송에서 말했다. "요컨대 살인적인 하루였습니다." 그리고 말을 이었다. "에너지가 얼마나 남았을까요……." 그의 목소리가 희미해지다 또렷해졌다.

조애나는 방송을 듣고서 겁에 질렸다. 그녀는 워슬리의 친구들에게 전화를 걸어 ALE에 구조 비행기를 보내달라고 요청해줄 순 없겠냐고 물었다. 그들은 워슬리의 경험과 능력으로 보건대 괜찮을 거라고, 요청을 한다면 그건 그 자신이어야 한다고 생각했다. 로버트 스완이 초반에 방송을 통해 워슬리의 벨트에는 "믿을 수 없을 정도로 훌륭한" 이리듐 위성전화기가 달려 있어서 "문제가 생기면 버튼을 눌러 순식간에 도움을 얻고 구조될 수 있다"고 언급한 바 있었다.

1월 19일, 또다시 폭풍 속에서 썰매를 끈 워슬리는 피곤에 지쳐 방송조차 하지 못했다. 꽁꽁 언 손으로 일기에 겨우 몇 글자만 끼적였는데, 글씨체마저 알아볼 수 없을 지경이었다. "매우 절망적이다……. 사라지고 있다……. 위장. 진통제를 먹었다." 실금失禁 때문에 살이 에이도록 추운 바깥에 나가 쭈그려 앉기를 반복해야 했다. 그의 몸이 스스로를 갉아먹는 것 같았다.

탐험 69일째인 이튿날엔 겨우 몇 시간밖에 썰매를 끌지 못했다. 그는 텐트를 치고 안으로 쓰러졌다. 어느 순간, 그가 위성 전화기로 프랑스에 전화를 걸어 한밤중인 맥스를 깨웠다. 헨리는 같은 말만 반복했다. "그냥 네 목소리가 듣고 싶었다, 그냥 네 목소리가 듣고 싶었어."

맥스가 그에게 말했다. "제 눈에 아버지는 언제나 남극의 전사예요. 그러니 철수하고 집으로 돌아오세요."

"그냥 네 목소리가 듣고 싶었다,
　　　　　그냥 네 목소리가 듣고 싶었어."

1월 21일 아침, 조애나가 그와 통화했다. 그녀에 따르면 그는 "완전히 정지한" 상태였다. 물을 끓이거나 이빨을 닦을 힘조차 낼 수 없었다. 그녀는 그에게 ALE를 불러서 그곳을 떠나라고 간청했다. "무조건 그들을 부르세요." 그녀가 애원했다.

그가 그녀에게 말했다. 텐트는 떠나지 않겠지만, 다음에 뭘 할지 생각할 시간이 필요하다고. 그는 새클턴이라면 어떻게 했을지 고민하며 그날 하루를 이 문제와 씨름했다. 워슬리는 일기를 썼다. "그냥 전부 끝내고 싶다. 모두가 지독하게 그립다." 하지만 GPS가 마침내 타이탄 돔의 정상을 지나 하강하기 시작했다고 알려주었다. 역사가 손 내밀면 잡힐 만한 곳에 있었다. 그의 일기엔 "절대, 어떤 일이 있어도 포기하지 마라"는 글귀가 적혀 있었다. 섀클턴의 자기계발서에서 베낀 것으로, 한때 워슬리도 웹사이트에 올린 적 있는 글이었다. "절대 포기하지 마라. 언제나 다음 수가 있다."

하지만 그건 잘못된 선택이었다. 섀클턴도 어느 순간 다음 수가 없다는 걸 깨닫고 돌아왔기에 살아남지 않았던가? 남극을 무덤으로 삼은 스콧과 다른 탐험가들과 달리, 섀클턴은 자신과 대원들의 한계를 인정했다. 그는 모든 것이 정복 가능한 건 아님을 이해했다. 특히 남극이 그랬다. 그리고 패배에도 여전히 승리가 존재함을, 생존 그 자체가 승리임을 알았다.

71일째인 1월 22일. 거의 800해리(약 1,482킬로미터)를 걸은 뒤에야 워슬리는 버튼을 누르고 세상에서 가장 비싼 택시를 불렀다. "안녕하세요, 모두들." 그는 방송에서 말했다. "나의 영웅 어니스트 섀클턴이 1909년 1월 9일 아침, 남극으로부터 156킬로미터 지점에서 최선을 다했다고 말했지요." 그리고 말을 이었다. "후유, 슬프게도 오늘 저 역시 최선을 다했다고 알려야만 하겠습니다……. 제 모험은 여기까집니다. 시간도 육체적 인내심도 바닥이 나버렸습니다. 짧게 말해, 스키를 한 발자국도 못 움직이게 되었습니다……. 정상에 닿기는 힘들 것 같군요." 하지만 그의 목소리는 안도하는 듯했다. "패배를 딛고 다시 일어서겠습니다. 시간을 두고 치료하겠습니다. 실망을 받아들이려 노력하겠습니다."

인데버 펀드로 기부금이 쏟아져온다는 소식에 그의 기분이 들떴다. 이미 목표 금액을 넘었으며 25만 달러도 결국 초과할 것 같았다. "놀라운 일입니다. 저를 웃게 만드는 일임에 분명합니다." 그는 구조 비행기가 곧 도착할 것이며 따뜻한 차 한 잔을 마시기를 고대한다고 말했다. 그리고 이렇게 끝맺었다. "탐험을 끝낸 헨리 워슬리, 방송 종료합니다."

조애나에겐 이미 자신의 결정에 대해 말해준 터였다. 그녀는 그를 만나서 안고 싶은 마음을 견딜 수 없었다. 훗날 그녀는 이렇게 말했다. "분명 실망할 테지만 섀클턴도 목표에 도달하지 못했잖아요. 그리고 헨리가 이룬 건 굉장한 거예요." 그녀는 맥스와 얼리셔 및 많은 친구들에게 이 소식을 알렸다. 모두가 그가 집으로 돌아오기로 결정했다는 사실에 안도했다. 조애나의 생각처럼 그가 그들을 선택했다는 사실에 말이다.

그날 오후 비행기가 도착했다. 객실로 이어진 계단을 오르려면 도움이 필요한 상황이었지만, 그는 자랑스럽게 일어서서 혼자 힘으로 걸었다. 그는 자신이 올바른 결정을 했다는 걸 알았다. 자신의 영혼의 맨살을 본 것이었다. 워슬리는 남극 반대편에 있는 ALE의 베이스캠프로 날아갔다. 업체 보고서에 따르면 그는 비행 중에 "집과 앞으로 하게 될 강의 계획에 대해 즐겁게 이야기"했다. 그날 저녁, 그는 조애나에게 전화를 걸어 "따뜻한 차를 한 잔 하는 중이며 괜찮아질 거라고" 말했다.

"많이 사랑해요." 그녀가 말했다.

"여보, 나도 사랑해요." 그러곤 다음 날 아침 또 전화하겠다고 약속했다.

1월 23일 오후 2시경, 전화가 울렸다. 하지만 그건 헨리가 아니었다. ALE의 탐험 매니저인 스티브 존스였다. 그는 의사들이 위슬리가 세균성 복막염에 걸렸다는 사실을 발견했다고 설명했다. 위장 내벽에 막을 형성하고 있는 가느다란 조직이 감염되는 병이었다. 원인은 천공성 궤양으로 짐작되며, 염증이 혈류를 타고 온몸으로 퍼지면 패혈성 쇼크가 올 수도 있는 상황이었다. ALE는 푼타아레나스에 있는 병원으로 위슬리를 이송해 급히 수술을 받을 수 있도록 했다. 그는 그 와중에도 가족과 다가올 강의에 대해 떠들었다. 갑작스레 상황이 변한 걸 이해하지 못하겠다는 눈치였다. 살아서 돌아오지 않았던가? 존스는 조애나에게 그와 통화하길 원하느냐고 물었다. 그녀는 수술이 지연될까봐 걱정돼 싫다고 했다. 그리고 칠레로 가는 다음 비행기를 예약했다.

그녀는 첫 비행기를 타고 산티아고에 도착해 푼타아레나스로 가는 연결 편을 기다렸다. 산티아고에서 그녀는 칠레 대사 피오나 클라우더를 만났다. 클라우더는 조애나에게 헨리의 상태가 심각하다고 알려주었다. 조애나는 병원으로부터 계속 새로운 소식을 받았다. 간이 작동을 멈추었다는 소식이 들렸다. 간이 없으면 살 수 없지 않은가? 조애나는

> "그냥 전부 끝내고 싶다.
> 모두가 지독하게
> 그립다."

생각했다. 그런 다음 신장이 작동을 멈추었다는 소식이 들렸다. 그녀는 또 생각했다. 신장 없이는 살 수 없지 않은가? 그리고 조애나가 푼타아레나스행 비행기에 몸을 싣기 직전, 영국 대사관에서 대사에게 전화가 걸려왔다. 잠시 후 클라우디는 조애나 옆에 무릎을 꿇고 그녀의 손을 잡은 채 조애나가 짐작한 대로 고했다. 헨리가 사망했다는 것이었다.

조애나는 대사와 함께 푼타아레나스로 날아갔다. 도로와 행인들을 지나쳐 갔지만, 아무 것도 눈에 보이지 않았다. 마치 화이트아웃 속에 있는 것 같았다. 그녀는 교회로 안내 받았다. 스테인드글라스 창문 사이로 빛이 새어들었고 벽에는 십자가가 걸려 있었다. 그녀 앞에 열린 나무 관이 놓여 있었다. 그곳에 헨리가 있었다. 철수하던 그의 소지품에서 돌멩이 견본 몇 개가 발견됐다는 얘기를 들은 터였다. 너무나 그다운 행동이었다. 그 무거운 것들을 끌면서도 돌멩이를 들고 다녔다니. 그녀는 그의 얼굴을 내려다보았다. "나는 완전히 겁에 질렸어요." 그녀는 회상했다. "하지만 남편은 믿을 수 없을 만큼 평온해 보였어요. 행복해 보일 정도였어요." 그녀는 몸을 앞으로 숙여 그에게 입을 맞추었다. 입술이 아직 따뜻했다.

조애나는 후회가 막심했다. 수술에 들어가기 전에 말을 나누었더라면 얼마나 좋았을까. 그가 좀 더 일찍 포기했더라면, 그녀가 직접 ALE에 전화를 했더라면 얼마나 좋았을까. "남은 평생을 죄책감 속에 살 테지요." 그녀가 말했다. 그녀는 "완벽한 고통의 벽"을, 그녀만의 남극을 마주하고 있었다.

조애나는 아이들에게 전화를 했다. 언제나 아빠의 극기심을 공유하던 얼리셔는 쓰러지다시피 했다. 시간이 지나 그녀는 아빠의 탐험기를 훑어보다가 마음에 남는 글귀를 발견했다. "나는 하얗고 거대한 접시 위에 앉아서 가장자리를 쳐다보고 있다. 그런 뒤 하늘로, 우주로 올라가 나를 내려다보며 어딘지 모를 곳의 한가운데 놓인 얼음덩이 위 티끌이라고 생각할 것이다."

시간이 한참 지난 뒤에도 맥스는 아버지가 나타나기를 기다렸다. "아버지는 육체적으로나 정신적으로나 언제나 천하무적이었습니다. 아직도 아버지가 돌아오시리라 생각해요. 나는 여전히 기다립니다." 슬픔이 복받쳤지만 아버지를 생각할 때면 자부심에 몹시 뿌듯했다. "내가 아버지의 반만 되어도, 정말 기쁠 겁니다." 그의 아버지는 "섀클턴이라면 어떻게 했을까?"라고 자문하곤 했지만, 맥스는 이렇게 물었다. "아버지라면 어떻게 했을까?"

워슬리의 사망 소식이 영국에 전해지자 윌리엄 왕자는 애도를 표했다. "우리는 친구를 잃었습니다. 하지만 그는 우리 모두에게 영감의 원천으로 남을 것입니다." 언론도 워슬리를 "세계에서 가장 위대한 남극 탐험가 중 하나"이자 "지나간 시대의 영웅"이라고 추켜세웠다. 스콧과 섀클턴에게 주어졌던 '극지 메달'이 그에게도 사후 수여되었다. 《어니스트 섀클턴, 탐험가의 리더십Ernest Shackleton, Exploring

> "절대 포기하지 마라.
> 언제나 다음 수가 있다."

Leadership》의 저자인 낸시 F. 코헨은 페이스북에 다음과 같이 글을 올렸다. "워슬리는 섀클턴을 자신의 영웅으로 여겼지만, 이제 우리는 워슬리를 우리의 영웅으로 여긴다."

장례식은 2016년 2월 11일 나이츠브리지의 세인트 폴 성당에서 치러졌다. 윌리엄 왕자, 닉 카터 장군, 헨리 애덤스, 윌 가우를 비롯해 수백 명의 사람들이 장례식에 참석했다. 수많은 조문객들이 워슬리를 애도하는 의미로 밝은 색 타이나 스카프를 맸다. 유골은 화장했지만 관을 마련해 북극성이란 이름의 흰 장미로 장식했다. 관 위에는 워슬리가 섀클턴과 대원들의 모습을 수놓은 자수 쿠션을 올리고 그 위에 군에서 받은 메달을 놓았다.

애덤스가 추도사를 읊었다. "그가 이룬 위업과 과정은 영웅이라고 칭할 만합니다. 하지만 그가 그런 호칭을 편하게 생각할지는 모르겠습니다. 그의 영웅적 면모는 그의 바탕을 이루는 아주 다양한 개성 중 일부에 불과합니다." 그는 말을 이었다. "무엇보다 그는 아버지이자 남편이었습니다. 그리고 군인이었습니다. 또한 예술가였습니다. 이야기꾼이기도 했지요. 저는 가장 다정한 친구이자 훌륭한 인간으로서 그를 좋아했습니다. 그는 살면서 만난 어떤 사람들보다 속이 깊은 사람이었습니다."

맥스도 일어나 추도사를 읽었다. 크고 날씬한 몸에 검은 곱슬머리와 강렬한 갈색 눈동자를 지닌 그는 아버지만큼이나 인상적인 사내였다. 맥스는 자신이 열세 살이 되던 해이자 아버지가 첫 탐험을 떠나던 때 남극에 대해 쓴 시를 낭송했다.

> 자욱한 흰 눈 사이로 어떤 아름다움이 보이는가,
> 깊숙한 남극, 아무도 가보지 못한 곳.
> 살을 에는 바람이 생각들을 얼려버리고,
> 불멸의 추위가 너를 두고 떠날 것이다…….

그 아름다움이 아침을 드러내니,

해가 떠오르며 남극이 빛난다.

이 아름다운 땅을 떠나가니,

저편에서의 삶이 펼쳐지기 시작한다.

2017년 12월, 장례식이 끝난 지 거의 2년 만에 조애나, 맥스, 얼리셔는 남극의 조지아섬으로 보트 여행을 떠났다. "헨리가 그토록 사랑했던 그곳에 가보고 싶었어요." 조애나가 말했다. 그들은 섬의 동쪽 해안, 우뚝 솟은 빙하 아래에 내렸다. 그곳엔 1913년에 노르웨이 포경업자들이 세운 작은 나무 예배당이 있었다.

조애나와 아이들은 예배당에서 워슬리를 위해 예배를 드렸다. 그리곤 밖으로 나와 눈 덮인 경사면을 올라갔다. 작은 눈송이들이 내리고 있었다. 조애나는 워슬리가 마지막 탐험 때 입었던 다운재킷을 걸쳤다. "그가 나와 함께 걷는 것만 같았습니다." 그녀는 이렇게 회상했다.

그들은 섀클턴이 묻힌 공동묘지가 내려다보이는 정상까

지 올라갔다. 워슬리가 탐험을 위해 만든 나무 상자를 들고 서였다. 그 속엔 그의 재가 들어 있었다. 남극 탐험을 구상 중이던 맥스가 예배당에서 아버지가 좋아하던 섀클턴에 대한 소네트를 암송했다.

> 모든 역경을 이겨내고 "일생의 목표"를 일궜으니
> 지리적 목표가 아니라 그보다 훨씬 숭고한
> 리더십의 꼭대기를 거머쥐었다.

조애나와 아이들은 구멍을 파고 꽁꽁 언 땅 속에 워슬리의 재를 파묻었다.

감사의 말

〰

워슬리 가족의 도움과 관대함이 없었다면 이 이야기는 쓸 수 없었을 것이다. 조애나, 맥스, 얼리셔는 이제껏 만난 사람들 중에 가장 특별한 이들이다. 그들을 알게 돼서 참 행운이다. 헨리 워슬리의 어머니 샐리 여사와 그의 여동생 샬롯 역시 친절하고 참을성 있게 자신들의 기억을 내게 공유해주었다.

대화를 나누어준 헨리 애덤스, 앤지 버틀러, 닉 카터 장군, 윌 가우, 빌 시프턴 등 워슬리의 수많은 친구들과 동료들에게도 깊이 감사드린다. 책에 쓰인 사진들은 대다수 게

일, 가우, 시프턴, 서배스천 코플랜드, 로저 피멘타, 루 루드, 워슬리 가족들이 제공해준 것들이다. 휴 드 라우터는 섀클턴에 대한 시를 인용하도록 허락해주었다. ALE의 데이비드 루츠와 스티브 존스는 싫증 한 번 내지 않고 남극의 생경하고도 놀라운 속성을 이해하는 데 도움을 주었다.

이 이야기를 처음 실어준《뉴요커》지와 대니얼 잘레브스키, 도로시 위큰던, 앤드루 보인턴, 데이비드 렘닉과 같은 독보적인 편집자들에게도 신세를 졌다. 데이비드 코타바와 엘리자베스 바버는 꼭 필요한 부분에 있어 팩트 체크를 해주었다.

더블데이의 내 훌륭한 편집자이자 출판가 빌 토머스는 어떻게 이미지가 내러티브와 잘 어우러져 이야기를 설명할 수 있는지를 잘 살펴주었다. 그를 비롯해 크노프 더블데이 출판 그룹의 대표 소니 메타의 지휘 아래서 일하는 훌륭한 직원들 덕분에《궁극의 탐험》은 여러분이 지금 들고 있는 책의 꼴을 갖추게 되었다. 특히 토드 다우티, 존 폰타나, 수잔 헤르츠, 앤디 휴즈, 로레인 하이랜드, 헤이 콰이, 마리아 메시, 마르고 식만터에게 감사의 말을 전하고 싶다.

언제나 그랬듯 로빈스 오피스의 캐시 로빈슨과 데이비드 핼펀과 CAA의 매튜 스나이더의 우정과 지지에도 감사하다.

 마지막으로 내 아내 키라와 아이들 재커리, 엘라에게도 고맙다고 전하고 싶다. 그들은 말로 표현할 수 없는 방식으로 내게 사기를 북돋아주었다.

옮긴이의 말

~~~

밥벌이의 힘겨움에 대해 한창 고민할 때 이 책을 만났다. 현실은 고달프고, 주머니도 가난하고, 그런데 남극 탐험이라니! '지금 이곳'의 문제에 골몰하느라 쪼그라든 내게 지구 반대편 설원에서 펼쳐지는 모험 이야기는 너무나 장엄해 따라잡기 숨 가빴다. 한마디로, 과히 낭만적이었다. 하지만 이 우직한 주인공의 성실한 발걸음 때문일까, 간결하고 믿음직스런 저자의 필치 때문일까, 번역을 마칠 무렵 내 마음은 어느새 책 속에 잠겨 있었다. 그리고 이런 생각이 들었다. '나도 한때는 남극을 품고 살았었지.'

토마스 핀천은 "누구나 남극을 품고 있다"고 말했다. 모두가 인생을 걸고픈 모험을 한번쯤 꿈꾼다. 그건 연애일 수도, 여행일 수도, 직업일 수도 있을 것이다. 조애나 워슬리의 말처럼, 헨리 워슬리에게는 그것이 '진짜 남극'이었다. 거칠고 험난한 줄 알지만 도무지 내려놓을 수 없는 꿈, 내 존재를 증명하기 위해 한 번은 떠나야 하는 모험, 가슴을 꽉 메우고 도무지 내려갈 줄 모르는 체기, 들을 때마다 설레는 오래된 이름. 이 모두가 남극의 다른 이름이다.

헨리 워슬리는 자신의 남극을 정복하기 위해 허허로운 설원을 홀로 걸었다. 예상대로 그 과정은 쉽지 않았다. 살을 에는 추위와 싸우고, 지옥문 같은 크레바스를 피하고, 발끝조차 보이지 않는 화이트아웃을 숱하게 견뎌야 했다. 마지막 탐험에선 외로움과 두려움이 친구처럼 그를 따라다녔다. 남극은 호락호락하지 않았다. 그는 그토록 꿈꾸던 고지를 눈앞에 두고 죽음의 위기 앞에서 포기를 선언했다. 그렇게 그의 마지막 남극 탐험은 실패로 돌아갔다.

성공을 고지에 두고 실패한 자의 모습은 안타까움을 자아낸다. 실패할까봐 시작도 못하는 이들에게 '거봐라'며 낭만의 무서움을 재확인시켜주기도 한다. 하지만 그의 도전과 실패에는 이상하게도 낭만을 긍정하게 만드는 구석이 있다. 보는 이에게 위안을 주는 구석이 있다. 이유가 뭘까. 아마도 그가 남극에 임하는 태도, 삶을 위해 남극을 버릴 줄 아는 용기에서 비롯할 것이다. 정신적 지주였던 어니스트 섀클턴의 모토 '인내로써 정복한다'를 문신마냥 가슴속에 새기고 다니던 그가, 인내를 능가하는 의지로 포기를 선택하는 모습엔 삶에 대한 진한 긍정이 담겨 있다. 지구 반대편으로 모험을 떠난 자만이 알 수 있는 '지금 이곳'의 처절한 소중함이 배어 있다.

이것이 이 책《궁극의 모험》이 지닌 미덕이다. 불가능에 도전해 승리한 사람들의 이야기는 사방에 넘쳐난다. 승리자의 이야기만이 회자되기도 하거니와, 그들의 이야기를 통해 성공 저 너머의 신기루 같은 세계에 대해 대리 만족을 느낄 수 있기 때문이다. 하지만 헨리 워슬리의 이야기는 먼 길을 걷고 걸어서 현실로 향한다. 도전이든 포기든 스스로 내린 선택 앞에서 어떤 자세를 취해야 하는지에 더욱 집중한다. 그것이 포기라 해도 차 한 잔을 즐기는 평범한

일상이 기다리고 있다는 사실에 감사한다. 하지만 이렇게 현실에 충실한 그의 자세는 그가 '남극'을 품고 살았기 때문에 가능했다. 남극을 품고 걷고 넘어지고 포기했기에 가능했던 것이다.

현실이 무료한가. '지금 이곳'이 초라해 보이는가. 그렇다면 눈보라를 헤치고 나아가는 헨리 워슬리의 스키 뒤를 가만히 따라가 보길 바란다. 함께 정상에 다다랐다가, 고지를 두고 설레었다가, 설원의 고독함에 몸부림쳐보기 바란다. 어느새 오늘의 무료함이 새삼 소중하다는 느낌이 들 것이다. 또한 운이 좋다면 귓가에 이런 소리가 들릴지도 모른다. "그대들의 남극은 무엇인가."

도판 출처

Courtesy of Getty: pp. 38, 43, 50, 69, 100, 152~153; Courtesy of William Gow: pp. 83, 108~109, 115, 124~125, 128, 136, 186; Courtesy of Royal Geographical Society: p. 28; Courtesy of Lou Rudd: p. 144; Jeffrey L. Ward: p. 8; Courtesy of Joanna Worsley: p. 20, 59, 88~89, 104, 170

궁극의 탐험
남극 횡단의 역사가 된 남자

1판 1쇄 펴냄 2020년 2월 14일

지은이	데이비드 그랜
옮긴이	박설영
펴낸이	성기승
편집	안민재
디자인	JUN
제작	세걸음
펴낸곳	프시케의 숲
출판등록	2017년 4월 5일 제406-2017-000043호
주소	(우)10874, 경기도 파주시 책향기로 441
전화	070-7574-3736
팩스	0303-3444-3736
이메일	pfbooks@pfbooks.co.kr
페이스북	fb.me/PsycheForest
트위터	@PsycheForest
ISBN	979-11-89336-21-9 03840

책값은 뒤표지에 있습니다.

이 책의 내용을 이용하려면 반드시 저작권자와
도서출판 프시케의숲에게 동의를 받아야 합니다.

이 도서의 국립중앙도서관 출판시도서목록CIP은
서지정보유통지원시스템 홈페이지 http://seoji.nl.go.kr와
국가자료공동목록시스템 http://www.nl.go.kr/kolisnet에서 이용하실 수 있습니다.
CIP제어번호: 2020003627